NZZ LIBRO

Tobias Ehrenbold

Samuel Koechlin und die Ciba-Geigy
Eine Biografie

NZZ Libro

Bibliografische Information der Deutschen Nationalbibliothek

Die Deutsche Nationalbibliothek verzeichnet diese Publikation
in der Deutschen Nationalbibliografie; detaillierte bibliografische
Daten sind im Internet über http://dnb.d-nb.de abrufbar.

© 2017 NZZ Libro, Neue Zürcher Zeitung AG, Zürich

Umschlag, Gestaltung, Satz: Benjamin Ganz
Druck, Einband: Kösel GmbH, Altusried-Krugzell

Dieses Werk ist urheberrechtlich geschützt. Die dadurch begründeten
Rechte, insbesondere die der Übersetzung, des Nachdrucks,
des Vortrags, der Entnahme von Abbildungen und Tabellen,
der Funksendung, der Mikroverfilmung oder der Vervielfältigung auf
anderen Wegen und der Speicherung in Datenverarbeitungsanlagen,
bleiben, auch bei nur auszugsweiser Verwertung, vorbehalten.
Eine Vervielfältigung dieses Werks oder von Teilen dieses Werks ist
auch im Einzelfall nur in den Grenzen der gesetzlichen Bestimmungen
des Urheberrechtsgesetzes in der jeweils geltenden Fassung
zulässig. Sie ist grundsätzlich vergütungspflichtig. Zuwiderhandlungen
unterliegen den Strafbestimmungen des Urheberrechts.

ISBN 978-3-03810-254-0

www.nzz-libro.ch
NZZ Libro ist ein Imprint der Neuen Zürcher Zeitung

«We are possessed by nobody, not even by ourselves.»
Graham Greene

11	Prolog
17	**1925–1954**
47	**1955–1969**
105	**1970–1985**
159	Epilog
165	Anhang

20	In feiner Gesellschaft
24	Geigy, eine Firma der Bürger
28	Swing in Basel
31	Paris, London, New York
35	Eintritt in den Beruf
38	Manager versus Patron
42	Wie ein Sohn von Boehringer
49	Der olympische Traum
55	Reisender in der Welt der Pharmazie
57	Markstein in der Behandlung der Depression
65	Die Krönung der Vorfahren
72	Hochziehen oder fallen lassen?
77	Kronprinz auf Abwegen
84	Das Old-Boy-Netzwerk
87	Rückzug auf das Land
92	Management-Revolution in der Schweiz
101	Alte Firma sucht neue Dimension
110	Stress in Zeiten der Fusion
112	Der Konzern sucht die Einheit
115	Zeitalter der Multi-Kritik
120	Verantwortung gegenüber der Dritten Welt
125	Die Refugien des Grandseigneurs
131	Sulzer-Krise, Chiasso-SKAndal, Stinkbombe
135	Nachträgliche Hochzeitsfeier
137	«Operation Turnaround»
143	«Der letzte Mann der Familie»
149	Ciba-Geigy auf der Couch
151	Die *Bilanz* zum «Daig»
153	«À demain, Sämi»

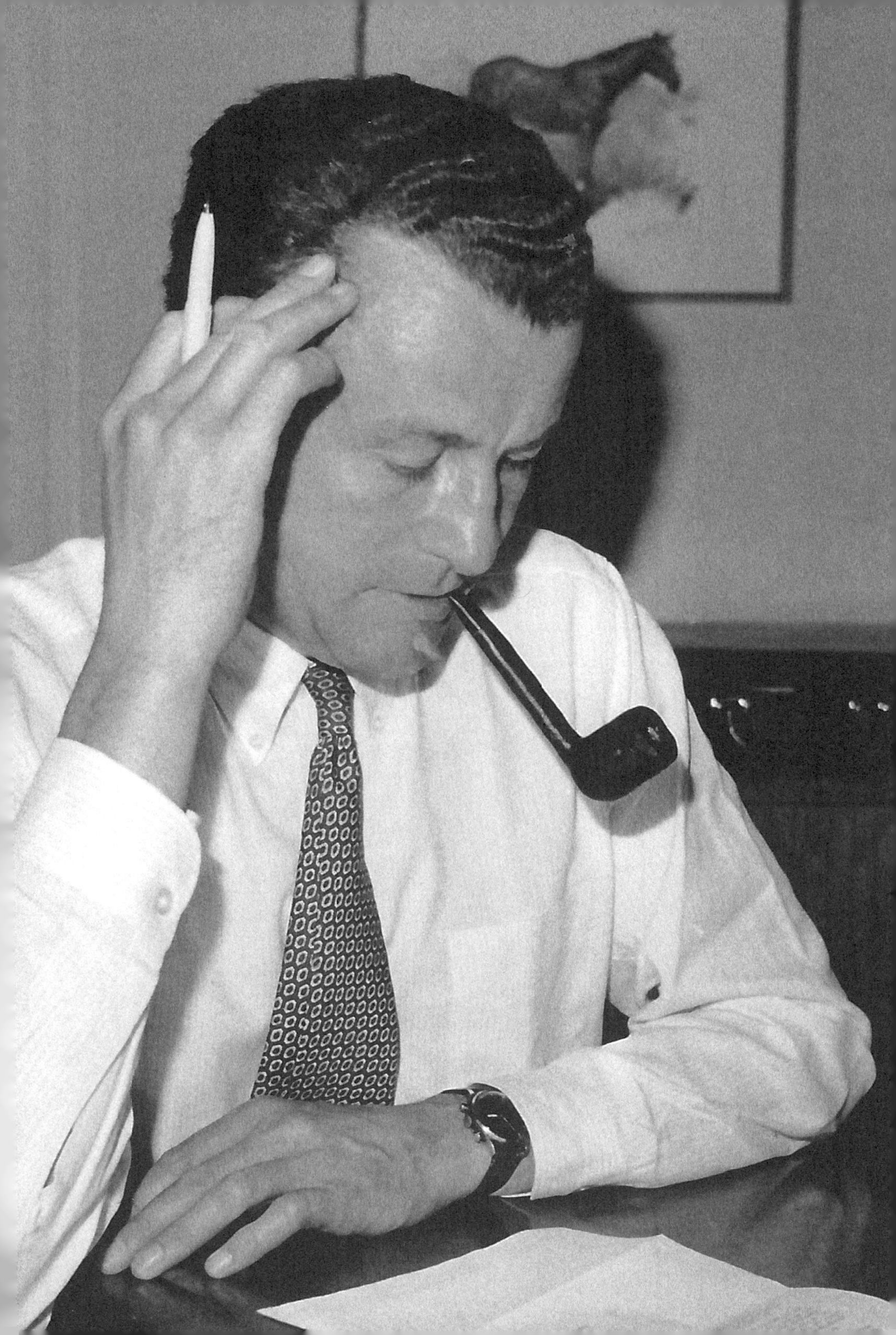

Prolog

Er ist oft über den Rhein geritten, die Zügel lässig in der Hand, das dunkle Haar im Wind. Auf den Brücken sah Sämi Koechlin jeweils in der Ferne die Schlote der J. R. Geigy AG qualmen. Sein Urgrossvater und sein Grossvater, sein Onkel und sein Vater – sie alle prägten die Firma mit Sitz neben dem Badischen Bahnhof. Allein, die chemische Industrie, die Arbeit, der Ernst des Lebens: Das interessiert den Jungen mit dem verschmitzten Lächeln lange nicht. Auf der anderen Seite des Flusses führt er sein Pferd auf weite Felder und wechselt in einen halsbrecherischen Galopp. Nichts fühlt sich freier an.

Dieses Buch zeichnet den Lebensweg des jungen Reiters nach. Auch Sämi tritt schliesslich in die Firma seiner Vorfahren ein. Ein Vierteljahrhundert nach den Ausritten in seiner Heimatstadt ist er eine entscheidende Figur der «Basler Heirat», die von ihm mitgestaltete Fusion schafft 1970 die Ciba-Geigy AG. Koechlin wird der erste Konzernleiter des zweitgrössten Unternehmens der Schweiz. Sein Büro liegt weiterhin im alten Geigy-Stammhaus, und sein Arbeitsweg führt über jene Brücken, die er als Jugendlicher zu Pferd überquert hat. Sämi Koechlin fährt einen VW Käfer, Modell Cabrio. Die Fahrertüre des Wagens ist verbeult, auf ihr klopft er den verbrannten Tabak seiner Pfeife aus. Sie ist sein Markenzeichen; eine altmodische Leidenschaft eines modernen Unternehmers.

Zeitlebens ist er frühmorgens ausgeritten, bald den Rändern Basels entlang, bald durchs felsige Leimental, bald durch die sanften Hügel Englands. Er wird grosse Turniere gewinnen, 1956 sogar an den Olympischen Spielen in Stockholm teilnehmen, gleichwohl erfuhr ein Kollege erst im Interview für dieses Buch, dass Koechlin nicht nur als Geschäftsmann, sondern auch als Sportler erfolgreich war. Diskretion und Bescheidenheit verinnerlicht der temperamentvolle Reiter in jener Gesellschaft, die weitum als Basler «Daig» bezeichnet wird. Das alte Patriziat der Rheinstadt scheint so verschwiegen, dass man sich in der Schweiz seit

Jahrzehnten wundert: Gibt es ihn noch, den «Daig»? Die Jugend von Sämi legt nahe, dass das Netz der alten Familien zur Mitte des 20. Jahrhunderts dicht und durchaus funktionstüchtig ist. Für den Aufstieg in die Führung der Firma bildet die Herkunft von Koechlin eine Grundlage. Im Familienunternehmen wird er sich indes bald daran machen, die alten Bünde zu kappen. Er wünscht sich eine neue Art der Zusammenarbeit, ein Unternehmen, in dem sich jeder Mitarbeiter «seinen Fähigkeiten gemäss entfalten kann und nicht in den Filtern einer falsch verstandenen und falsch konzipierten Unternehmenshierarchie hängen bleibt». So sagt er es im symbolträchtigen Jahr 1968 und befindet weiter, alle Hierarchie besitze die Tendenz, «Privilegien oder Macht zu bewahren oder zu usurpieren, statt der Sache zu dienen». Es ist ein Angriff auf den alten Paternalismus, der bis tief in das 20. Jahrhundert dem Status quo in der Schweizer Wirtschaft entspricht.

    Koechlin ist ein Pionier des in Amerika entstandenen Managements. Es ist ein zentraler Begriff dieser Biografie, weitere lauten Antidepressiva und Computer, Umweltschutz und Entwicklungshilfe, Corporate Culture und Social Responsibility. Koechlin hält sie alle für zukunftsträchtig. Hier werden seine Ideen anhand von Quellen dargestellt, die aus dem Unternehmensarchiv der J. R. Geigy an die Ciba-Geigy und schliesslich der Novartis AG weitergegeben wurden. «Dr. SK» – wie Sämi im Büro genannt wird – ist eine bedeutende Figur in der Geschichte eines der heute weltgrössten Pharmaunternehmen. Ein Kassationsentscheid hat sein Personaldossier in den 1990er-Jahren zwar dezimiert, aber das Material im Archiv von Novartis ist so ergiebig, dass ein Fundament für das Porträt dieser Person erhalten ist. Ein Tagebuch führte Sämi anscheinend nicht, und er hat kaum private Briefe verfasst. Es sind daher die Gespräche mit seiner Familie, Mitarbeitern und alten Freunden, die einen humorvollen und nachdenklichen Menschen charakterisieren, der sich für die Firma seiner Vorfahren durchaus aufgeopfert hat.

Prolog

Nach seinem Tod schreibt die *Neue Zürcher Zeitung*: «Wie kaum ein anderer Industrieführer der jüngeren Generation verkörperte Samuel Koechlin mit seinem Wirken die grosse Wende im unternehmerischen und industriellen Denken, die in den sechziger Jahren die weltweit engagierten Konzerne schweizerischer Prägung erfasste.» Samuel Koechlin gehört weder zur Generation Aktivdienst des Zweiten Weltkriegs, noch war er ein 68er; sein Denken scheint einer Zeit der Spannungen entsprungen, es oszilliert zwischen Abwehr und Aufbruch, Konservativismus und Nonkonformismus, Reaktion und Revolution – und neigt sich bei ihm letztlich fast immer in Richtung Erneuerung.

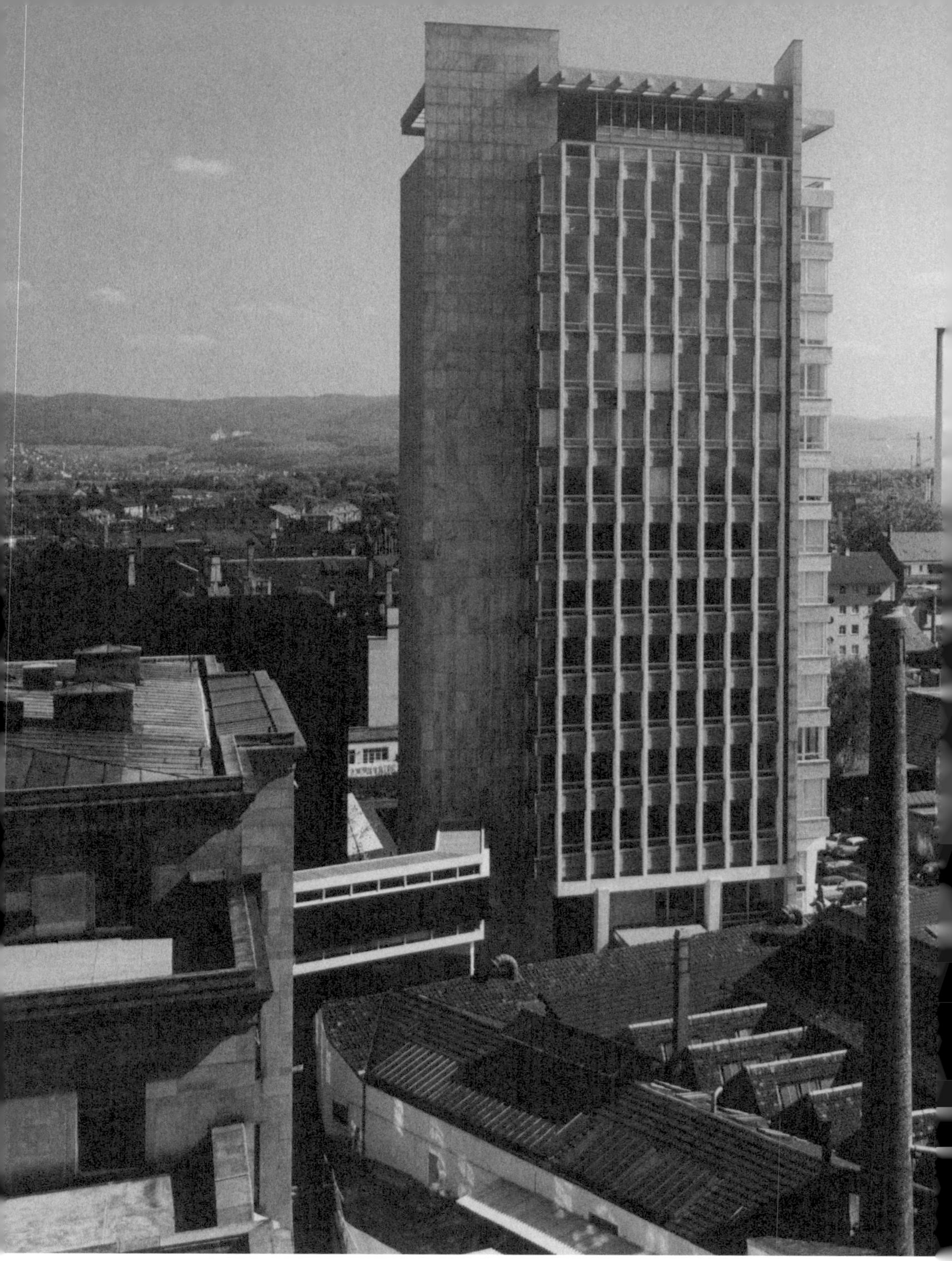

Abb. 1
J. R. Geigy, Firmenareal Rosental, Basel, 1957

1925–1954

In feiner Gesellschaft
Geigy, eine Firma der Bürger
Swing in Basel
Paris, London, New York
Eintritt in den Beruf
Manager versus Patron
Wie ein Sohn von Boehringer

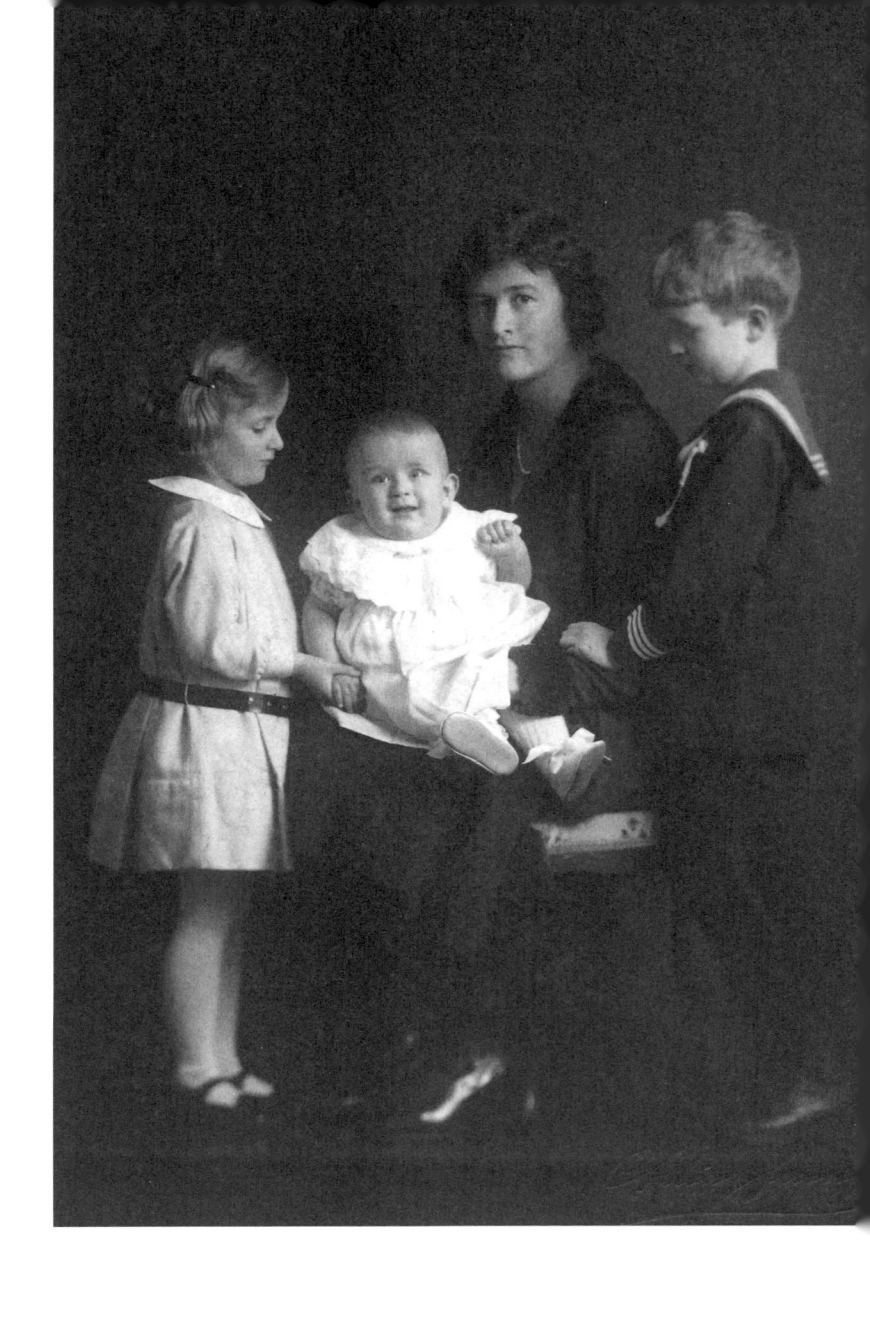

Abb. 2
Samuel mit seiner Mutter Marguerite, Schwester Eliot und Bruder Hartmann, Basel, ´925

Wenn Alphons Samuel Koechlin seinen Taufnamen preisgibt, fügt er grinsend an: «Zum Glück nannten sie mich nicht Phonsi.» Das dritte Kind von Marguerite und Hartmann Koechlin kommt am 29. März 1925 zur Welt, auf Fotos hat Alphons Samuel dicke Pausbacken, der Bub ist «buschber», wie man in Basel sagt. Bald rufen ihn alle Sämi, später mag er die englische Abkürzung Sam am besten. Als Alphons oder «Phonsi» bezeichnet ihn nie jemand.

Sämi ist ein Nachzügler, sein Bruder Hartmann Peter ist sechs, seine Schwester Eliot vier Jahre älter als er; sie werden Harti und Mimi gerufen. «Voll Liebe» habe sich ihre Mutter um die Kinder gekümmert, schreibt ein Verwandter in seinen Memoiren, «zuweilen auch mit einer altbaslerischen Strenge». Wie man sich in einer Gesellschaft zu verhalten hat, wie man spricht, sich gibt, das alles lernt Sämi von klein auf. Sitzt er nicht gerade am Tisch, fährt ihm die Mutter energisch über die Wirbelsäule. Den Nachfahren bleibt Marguerite Koechlin als die grosse «Mamama» in Erinnerung. Bestens vernetzt ist sie, stilvoll, mit ihrem Scharfsinn und bissigen Witz bisweilen einschüchternd. In Basel erscheint sie aussergewöhnlich, eine Frau von Welt, in ihrem Auftritt Grande Dame, ihr Temperament ist berüchtigt. Gerät sie in Rage, schmeisst sie auch mal einen Aschenbecher durch die Stube, die sie mit Gemälden alter Meister dekoriert. Wie man seine Mutter milde stimmt, versteht Sämi wie wenig andere: Er ist ihr Liebling, sie nennt den Bub beim Kosenamen «'s Mucheli». Seine Freunde staunten ob einer Art von Zuwendung, die ihnen besonders merkwürdig scheint: In ihrem riesigen Holzsekretär habe Mamama nicht nur Geld für Boten und Bedienstete aufbewahrt, sondern in einer kleinen Schublade immer auch einen Batzen für den kleinen Sämi. Es ist ein Privileg, das im Basler Grossbürgertum aussergewöhnlich scheint; die patrizischen Familien der Stadt geben sich gerne bescheiden und sparsam.

In feiner Gesellschaft

Das erste erhaltene Schriftstück von Samuel Koechlin richtet sich an «Herr Osterhase». Auf einer Schreibmaschine tippt der Bub: «Bring mir bitte eine Briefmäppli, Dein Sämi, Peter-Merianstrasse 40.» Seine Adresse liegt im Gellert, dem Villenquartier Basels. Das Haus der Familie Koechlin-Ryhiner ist zwar gross, der Garten weitläufig, aber die Fassade ist schlicht, das Gebäude diskret in den Strassenzug integriert. Es scheint bereits auszudrücken, dass man Einfluss und Reichtum nicht zelebrieren soll in Sämis Heimatstadt. Was sich hier für einen guten Bürger gehört, deuten Bonmots wie dieses an: «Me het, me git, me zeigt's nit.» «Me» ist man; ist die städtische Elite, ist das Basler Patriziat, ist im Volksmund der «Daig». Dazu zählt auch die Familie von Sämi. Sein Grossvater mütterlicherseits, Karl Albert Ryhiner-Stehlin, leitet eine Florettspinnerei, dessen Schwiegervater Karl Rudolf Stehlin-Merian war Ständerat. Auf dem im Besitz der Stehlin stehenden Schloss Bipp gibt sich die grosse und weitverzweigte Familie immer wieder ein Stelldichein. Sämi ist nach dem Geschmack der Erwachsenen; ein aufgewecktes und lebhaftes Kind, gleichzeitig charmanter kleiner Monsieur.

Wie man im Basler Patriziat gelebt hat, beschreibt Philipp Sarasin in *Stadt der Bürger*. Die Lebenswelt dieser sozialen Schicht definiert der Historiker über eingespielte Verhaltensweisen, kulturelle Codes, ungeschriebene Gesetze. Dazu zählen die Doppelnamen als Zeugen der standesgemässen Heiraten ebenso wie die hörbaren Differenzen im spitzigen Dialekt. Den Namen Koechlin spricht man distinguiert aus: «Kechli.»

Während Sämis Kindheit befeuern die populären Mundartfilme das Klischee eines ebenso wohlhabenden wie geizigen Basler «Daigs». Der Ruf ist wenig schmeichelhaft, bereits im frühen Publikumserfolg *Jä-soo* von 1935 spricht der gerissene Bösewicht «Baseldytsch». Die Rede vom «Daig» mag man in Basel nicht gerne, die Diskretion ist eines der besonders sorgsam gepflegten Merkmale der Oberschicht, in die Sämi geboren wird. In seinem Stammbaum findet er Verzweigungen mit so berühmten Basler Familien wie Burckhardt, Iselin und Geigy, seine Vorfahren väterlicherseits tragen immer wieder die gleichen Vornamen, darunter Alphons, Carl, Hartmann – und Samuel.

Die verschiedenen Zweige der Koechlins haben sich im Gebiet des Oberrheins als Textilfabrikanten, Staatsmänner oder Ingenieure einen Namen gemacht. Das Basler Bürgerrecht erhielt als erster Hartmann Koechlin-Iselin anno 1782. Der aus Mulhouse stammende Ahne hatte keinen Geringeren zum Schwiegervater als Isaac Iselin; der berühmte Philosoph ist ein direkter Vorfahre von Sämi. In Iselins Schriften finden sich Ideale, die er zu Hause in Basel eingeflösst bekommt: «Tugend, Mässigung, Weisheit, Bescheidenheit, Treue, Standhaftigkeit», aber auch die Aufforderung an die Oberschicht: «Verantwortet euch!» Neben dem Verfasser der zitierten Schrift *Philosophische und patriotische Träume eines Menschenfreunds* findet Samuel Koechlin in seinem Basler Stammbaum Händler, Seidenbandfabrikanten und Bankiers, einige von ihnen sassen im Basler oder gar im Schweizer Parlament. Von ihnen stammen neben den Genen vor allem die Erwartungen an die kommende Generation – damit auch an Sämi.

Trotz seiner durchaus noblen Herkunft besucht Sämi die Volksschule. Auf dem Schulweg geht er Raufereien nicht aus dem Weg. Stets an seiner Seite sind Guy Sarasin und Jimmy Wirth. In der Primarschule Sevogel werden die verschworenen Freunde «das Dreigestirn» genannt. Der handwerklich geschickte Guy bastelt Sättel und Zäume für ihre Holzrösschen, die er in den Farben berühmter Pferde anmalt. Bald reiten sie damit kleine Parcours, bald springen sie, selber Pferde imitierend, über Hindernisse. In Pferdemagazinen erhaschen die Knaben jede Neuigkeit, ein Artikel bleibt ihnen besonders in Erinnerung: Eine Madame de Hasselbach soll in einem Frauensattel über Hindernisse gesprungen sein. Es ist eine Kuriosität, ansonsten bevölkern Adlige und Kavalleristen diese Schauwelt, nach der sich Guy, Jimmy und Sämi so sehnen. Die Leidenschaft für die Pferde teilt Sämi mit seiner Mutter, deren wilde Ritte seinen Vater ängstigen. Besonders gerne ist Vater Hartmann Koechlin im «Eichstutz», dem wundervoll am Vierwaldstättersee gelegenen Ferienhaus. Die Sommerfrische bei Luzern ist ein Weekend-Haus, die spartanischen Räume entsprechen ganz dem Zweck. Sämis Vater findet dort «bei gemächlichen Fahrten im Stehruderboot» Erholung von seinen vielen Ämtern, wie ein Zeitzeuge festhält. Die Nachfahren nennen ihn «Papapa».

Sämi besucht von früh auf Reitstunden, oftmals gemeinsam mit seinem Freund Guy Sarasin. Ein Pferd führe ein eigenes Leben, erklärt dieser, es habe «einen eigenen Charakter, eigene Fehler auch, mit Gewalt kann man es nicht positiv beeinflussen, einige versuchen dies zwar, aber das zahlt sich schlecht aus.» Für Sämi bedeutet das Reiten schlicht eine «Steigerung der Lebensfreude», wie er einmal erklärt. Im Vergleich zu den Erlebnissen mit den Tieren erscheinen ihm die Schullektionen fade, seine Schuljahre absolviert er ohne Bravour. Ein Lehrer kommentiert einmal bei der Notenvergabe: «Der Koechlin kriegt Fleiss 1, Leistung 6 – er ist nämlich der Fäulste, aber auch der Gescheiteste.» Einen selbstsicheren Auftritt beherrscht Sämi bereits als Knabe. In Prüfungssituationen wirkt er besonders konzentriert, und wenn er vorträgt, ist er eloquent. Am Humanistischen Gymnasium – der bis 1968 den Buben vorbehaltenen Eliteschmiede der Stadt – muss er gleichwohl eine Klasse wiederholen. In Mathematik gibt ihm sein älterer Bruder Hartmann manchmal Nachhilfe. Was Sämi leichtfällt, sind die Fremdsprachen. Französisch hat er bereits als Kind gelernt, seine Matura absolviert er mit einem Schwerpunkt in den alten Sprachen. Latein und Griechisch faszinieren ihn offensichtlich, später wird er geheime Notizen doppelt codieren: In wichtigen Sitzungen schreibt er Schweizerdeutsch und verwendet griechische Buchstaben.

Abb. 3
Samuel Koechlin, 1940er-Jahre

Im Frühjahr 1940 wird es in Basel «brenzlig», wie Sämis Mutter die bedrohlich naherückende Kriegsfront in ihrem Lebenslauf lakonisch kommentiert. Während Hartmann senior und junior Aktivdienst leisten und Mimi als Pfadfinderin zeitweise vom Staat beansprucht wird, schickt Mamama den jüngsten Sohn für einige Monate nach Biel. Der Teenager harrt dort der Kriegsmeldungen und verteilt als Briefträger die Post. Er schiesst in diesen Jahren in die Höhe, bei der Aushebung zur Rekrutenschule misst er 1,86 Meter. Selbstverständlich geht der talentierte Reiter in die Kavallerie, dort wird der Soldat bald Adjutant in der westschweizerischen Dragonerabteilung. In Anbetracht der global wütenden Kriegsmaschinerie erscheint seine Truppe anachronistisch, aber Sämi fühlt sich dort wohl. In der Kavallerie habe man viel gelacht, wird er später sagen, sich motiviert und in schwierigen Momenten zusammengehalten. Er liebt die tägliche Arbeit mit den Pferden, reisst Witze, zecht mit. Obwohl er nicht mehr zu ihr zählt, spürt er den sozialen Kitt der Generation Aktivdienst. Das kleine Land ist zu dieser Zeit erfüllt von patriotischen Gefühlen, die Unversehrtheit während des Zweiten Weltkriegs befeuert das Selbstbild der tapferen Schweizer Männer. Im Militär, so eine noch lange weitverbreitete Meinung, bewähren sich die fähigsten von ihnen, ergo reflektiere ihr Dienstgrad Führungsstärke, Tatkraft und Charakter. Die Funktion der Milizarmee als Kaderschmiede für Wirtschaft und Industrie zeigt sich in schriftlichen Stellenbewerbungen, dort steht der militärische Rang noch lange an oberer Stelle. Im Volksmund heisst es denn auch: «Gold am Hut tut der Karriere gut.» Ab 1946 dekoriert ein schmaler goldener Streifen den Militärhut von Samuel Koechlin. Ein Foto zeigt den frisch beförderten Leutnant in Uniform und mit offenem Lachen.

Geigy, eine Firma der Bürger
Das grosse Vorbild in der Familie ist Sämis Grossvater Carl Koechlin-Iselin. Er war Oberstdivisionär, es ist zu Friedenszeiten der zweithöchste Rang in der Schweizer Armee. Seine Meriten

strahlen nicht nur im Militär besonders hell: Der 1914 verstorbene Vorfahre war Nationalrat, Präsident der Basler Handelskammer, Verwaltungsrat bei den Schweizerischen Bundesbahnen, Gründungsmitglied des evangelisch-sozialen Arbeitervereins, Bankrat in der Nationalbank, vor allem aber war der Grossvater der erste Teilhaber der Familie Koechlin an der Firma Geigy. Wie in der Basler Wirtschaft üblich, brachte er neben unternehmerischem Talent auch die nötigen genealogischen Verbindungen mit: Der erste Koechlin in der Geschäftsleitung ist der Sohn von Adèle und dem Ständerat und Bankier Alphons Koechlin-Geigy, Sämis Urgrosseltern sind wiederum Schwester und Schwager des Firmenpatrons Johann Rudolf Geigy-Merian. Auf die Verwandtschaft mit der Gründerfamilie Geigy ist man in der Familie von Sämi einerseits stolz, andererseits gilt Carl Koechlin-Iselin als jene Kraft, die den alten Farbstoffproduzenten in das 20. Jahrhundert geführt hat. In der Elterngeneration von Sämi sind damit zunehmend Ansprüche auf die Leitung der J. R. Geigy AG verknüpft.

Die zahlreichen Verpflichtungen, die Carl Koechlin-Iselin in Wirtschaft und Politik, aber auch im Sozialwesen übernommen hatte, teilen sich dessen Söhne Alphons, Carl und Hartmann – Erstere sind beide Onkel von Sämi, Letzterer sein Vater. Während Alphons Koechlin-Thurneysen zu einem international einflussreichen Pfarrer wird, folgen Sämis Vater Hartmann und dessen Bruder Carl dem Vater in die Firma. Die Fortsetzung des «Lebenswerks» ist ihnen «das zentrale Anliegen im beruflichen Leben», wie in einem Nachruf betont wird. Auf ihrem Arbeitspult steht eine Fotografie von Carl Koechlin-Iselin, der hinter seinem buschigen Schnauz verschmitzt dreinblickt.

Sämis Grossvater ist insbesondere für dessen Sohn Carl Koechlin-Vischer ein Idol. Während Sämi heranwächst, etabliert sich der Onkel als eine der einflussreichsten Figuren der Schweizer Wirtschaftspolitik. Er gilt ab den 1930er-Jahren weitum als prädestinierter Bundesrat, im Sommer 1940 frohlockt die Basler *Arbeiter-Zeitung* nach dem Rücktritt von Hermann Obrecht im Stil eines Schnitzelbanks: «Isch's aine us Basel/ Isch's aine vom Rhy – / Ka's halt kai andere / Als dr Kechli sy.» Neben dem Vers wird Carl Koechlin als ein Koch mit Haube und Schürze karikiert. Die Satire ist ein Abbild der Vorstellung, dass «dr Kechli» sowieso in allen Töpfen von Wirtschaft und Politik mitmische. Sämi ist zu diesem Zeitpunkt 15, die Aufregung um die scheinbar ausgemachte Wahl seines Onkels in die Landesregierung bekommt er nur am Rance mit. Schliesslich beendet Carl Koechlin-Vischer die Spekulationen mit der Ankündigung, den bei den Von-Roll-Werken tätigen Kandidaten Walther Stampfli zu unterstützen. Ein Rückzug aus dem eigenen Geschäft wäre für Carl Koechlin-Vischer schlicht undenkbar, seine Lebensaufgabe sieht der Basler darin, gemeinsam mit seinem Bruder Hartmann die J. R. Geigy AG zu modernisieren.

 Im Laufe der 1940er-Jahre gelingt es Carl und Hartmann Koechlin durch die Übernahme von Aktienpaketen und Allianzen mit jüngeren Vertretern der Familie Geigy genügend Aktienkapital hinter ihren Rücken zu bringen, um den Verwaltungsrat zu dominieren. Der Historiker Mario König hat auf die personellen Spannungen hingewiesen, die mit der Ablösung der Familie Geigy durch die Gebrüder Koechlin verbunden sind. Ihrem Aufstieg an die Spitze ist wohl auch die Heirat von Sämis Schwester Eliot dienlich; deren Mann Mario Mylius-Koechlin ist ein Neffe des langjährigen Verwaltungsratspräsidenten Albert Mylius-Passavant. Nach dessen Tod erbt Carl Koechlin-Vischer 1949 das oberste Amt in der Firma und wird endgültig zum Sinnbild eines Patrons.

 Sämis Onkel ist während des Kriegs zwar nicht Bundesrat, aber Berater des Generals und Chef der Sektion Chemie und Pharmazeutika. Sein Aufstieg vollzieht sich trotz der zumindest anfänglichen Sympathie für das nationalsozialistische Regime, die verschiedene Historiker hervorgehoben haben. In der Firma kontrolliert der Kaufmann die wirtschaftlichen Bereiche, die naturwissenschaftlichen Aspekte der chemischen Industrie überlässt er seinem Bruder Hartmann Koechlin. Unter der Ägide von Sämis Vater baut Geigy seit Ende der 1930er-Jahre die Forschung massiv aus und entwickelt sich fortan von einem Farbstoffproduzenten zu einer Firma mit bedeutenden Abteilungen im Bereich der Agrarchemie und der Pharmazie. Das bekannteste und bald berüchtigtste Mittel aus den Labors von Geigy heisst Dichlordiphenyltrichloroethan, kurz: DDT. Bei Sämi hinterlässt es später einen tiefen Eindruck, als er das erste Mal hört, dass der Chemiker Paul Müller zufällig auf die pestizide Wirkung des in der Landwirtschaft massenhaft verwendeten DDT gestossen ist. Für die Entdeckung «der starken Wirkung von DDT als Kontaktgift gegen mehrere Arthropoden» erhält Müller 1948 den Nobelpreis für Medizin, ein gutes Jahrzehnt später weicht der Stolz ob des landwirtschaftlichen «Wundermittels» der Furcht, dass Chemikalien wie DDT die Umwelt schwer schädigen.

Die Wissenschaft fördert Sämis Vater, der an der ETH Zürich in Chemie promoviert hat, nicht nur in der Firma, sondern auch als Mitglied der Kuratel, dem Basler Universitätsrat. Im Gegensatz zum streng wirkenden Onkel Carl ist Hartmann Koechlin eine joviale und offene Person. Zeitzeugen sprechen ihm alles «Bonzenhafte» ab, gerade darin sei er «ein Basler mit ganzem Herzen» gewesen. Sein bekanntestes Werk ist die Ausarbeitung des ersten Gesamtarbeitsvertrags in der chemisch-pharmazeutischen Industrie. Das Abkommen vom Januar 1945 signalisiert neue Machtverhältnisse in einer Stadt, die nun Facetten eines «roten Basels» trägt. Seiner Heimatstadt fühlt sich Sämis Vater geradezu augenfällig verpflichtet, dort ist er nicht nur als Schreiber in der Freien Akademischen Gesellschaft und Sprecher in der Zunft zum Schlüssel, sondern auch an der Fasnacht aktiv. Im Geschäft sei es «keine Überraschung» gewesen, schreibt ein Weggefährte, während den «drey scheenschte Dääg» gelegentlich «im Fond des Wagens dieses von Prätentionen gänzlich freien fröhlichen Menschen eine Basler Trommel zu entdecken».

Die Vorfahren von Sämi verstehen die J. R. Geigy AG als Bestandteil der Heimatstadt. Sein Onkel Carl pflegt das Bonmot, Ciba sei die grösste, Sandoz die reichste, Geigy aber die feinste Chemiefirma in Basel. In seiner Firma sieht der Verwaltungsratspräsident die «feinen» Werte des Basler Bürgertums kultiviert – darunter jene Bescheidenheit, von der sich die unliebsame Ciba bereits mit dem Firmennamen verabschiedet hat: Die Abkürzung steht für Chemische Industrie Basel.

Die Eigenheiten der Firmenkultur von Geigy werden Sämi Koechlin später umtreiben. Auch er vermutet den wesentlichen Antrieb in der protestantischen Ethik, die der Soziologe Max Weber beschrieben hat. «Das Ergreifen jeder beruflichen Erfolgs- und Gewinnchance wurde zur Pflicht, zum kirchlichen Gebot», so steht es selbst in der Chronik von Geigy. Die moralische Verbindung zwischen Kapitalismus und Religion wird Sämi Koechlin Anfang der 1970er-Jahre in einem Vortrag lakonisch zuspitzen: «Earning money for the glory of God.» In seiner Heimatstadt hätten sich die Bürger zum wirtschaftlichen Erfolg verpflichtet gefühlt. «Ihre Gesinnung lieferte das Werkzeug, mit dem jene ungeheure Lebensdisziplinierung geformt wurde, welche als Tribut für die Industrialisierung der westlichen Welt gefordert und auch dargebracht wurde», sagt Sämi in seinem Referat. Vorerst erlebt er die Folgen dieser «Gesinnung» nicht in der Welt der Industrie, wohl aber im privaten Leben. Als Jugendlicher macht er sich einen Spass daraus, «jene ungeheure Lebensdisziplinierung» nonchalant von sich zu weisen, die seine Vorfahren mitgeformt zu haben scheint.

Swing in Basel

Zu seiner grossbürgerlichen Herkunft hat Sämi ein ambivalentes Verhältnis. Einerseits sucht er den Kontakt zu Jugendlichen aus dem Arbeitermilieu, anderseits geniesst der junge Mann die Privilegien, die seine Herkunft mit sich bringt, durchaus ungeniert. Er lebt nicht auf kleinem Fuss, reist gerne und oft, zu Hause räumt eine Zofe die Unordnung auf, die er in seinem Zimmer jeweils hinterlässt. Dafür dankt Sämi selbstverständlich, die Wertschätzung für die Angestellten zählt in seinem Elternhaus zu den höchsten Tugenden.

Welcher Beruf zu ihm passen könnte, scheint dagegen lange ein Rätsel, schliesslich entscheidet er sich für ein Studium in Jurisprudenz. Seine rasche Auffassung scheint dafür eine gute Voraussetzung, und vor allem lässt ein solcher Abschluss verschiedene Karrieren offen. Das Studentenleben geniesst Sämi in vollen Zügen. Er nimmt Boxlektionen, mit seinen Freunden besucht er Tanzabende; offenbar ununterbrochen qualmend, ein Glas in der Hand, dem Rausch nicht abgeneigt. Eine feste Grösse im Nachtleben der Stadt ist zwischen 1944 und 1948 die Band Varsity Club um seine Freunde Guy Sarasin und den späteren Basler Regierungsrat und Jazzmusiker Lukas «Cheese» Burckhardt. An seinen ersten Auftritt mit dem Orchester erinnert sich Sarasin: «Das war ein *dîner dansant* im ersten Stock des Kunstmuseums Basel. Wir hätten eigentlich leise spielen sollen, aber das piano beherrschten wir noch nicht.» Später habe das Orchester unter anderem im «Rialto» oder im «Dancing Odeon» Arrangements à la Glenn Miller gespielt: «Wir hatten wahnsinnig viel Schwung.» Obwohl selbst unmusikalisch, tanzt Sämi stilsicher zu den Klängen des amerikanischen Swings. Bei den Damen kommt der gross gewachsene Herr mit den dunklen Haaren und den blauen Augen an. Er hat Schalk, auf Fotos wirkt er wie ein Sonnyboy.

Die grosse Leidenschaft von Sämi bleibt der Pferdesport. In der Kavallerie gilt er als einer der besten Reiter, sein Traum wäre es, einmal an den Olympischen Spielen teilzunehmen. Vorerst fährt er 1948 mit Freunden als Schlachtenbummler an die Sommerspiele nach London. Im gleichen Jahr freundet sich der 23-Jährige mit Christiane Sarasin an. Sie ist drei Jahre jünger als er, in Basel nennen sie die strahlende junge Frau mit den blonden Haaren Kiki. Auch sie entstammt einer Familie des alten Bürgertums. Wie eng die familiären Verbindungen in Basel sein können, zeigt die Verwandtschaft

Abb. 4
Guy Sarasin, Samuel Koechlin, Jimmy Wirth (v. l.)
Ende der 1940er-Jahre

von Kiki und Samuels Freund Guy Sarasin: Ihre Mütter sind Schwestern, ihre Väter Brüder. Auch in der Generation von Sämi bedeutet Heiraten nicht zuletzt einen Bund der Familien. Um das Aufwachsen in Basel zu beschreiben, findet Christiane Sarasin eine starke Metapher: «Man war wie unter einer Lupe.» Die von Sämi konstatierte «Lebensdisziplinierung» beginnt im Bürgertum von jung auf, die Freiheiten von Frauen sind dabei besonders eingeschränkt. Obwohl an Medizin interessiert, kommt ein Studium für Christiane nicht infrage, stattdessen macht sie eine Lehre als Praxisassistentin. Wie es sich für eine junge Frau gehört, soll sie sich aus der Arbeitswelt zurückziehen, sobald sie den passenden Ehemann gefunden hat. Unter der Lupe der Erwachsenen erscheint ihre Freundschaft mit dem Jusstudenten Sämi Koechlin gewiss vielversprechend.

Der junge Sämi foutiert sich zuweilen geradezu um die althergebrachten Vorstellungen, die in Basel herrschen. Eine Tradition, der er sich verweigert, ist die «Hätzle», die in der Basler Oberschicht den Zweiten Weltkrieg überdauert. Am ersten Tag des neuen Jahres erwarten dabei Eltern und Grosseltern, Tanten und Onkel ihre Verwandten im Morgenrock, der sogenannten Hätzle. Dabei gibt es einen Gewürzwein und Gebäck, das seit Weihnachten hart geworden ist. Sämi findet das Ritual abgeschmackt, seine Familie lässt er wissen, dass er sicher keine Besuche machen werde. Es sind kleine Rebellionen und selbstbewusste Demonstrationen, letztlich werden sie in der Familie als adoleszenter Übermut abgehakt. Es gehört sowieso zum guten Ton, die überhitzten Burschen ins Ausland zu schicken, bevor sie in die Arbeitswelt eintreten. In der Ferne soll die künftige Elite zur Vernunft kommen und schliesslich erfüllt von Verantwortungsgefühl in die Heimat zurückkehren.

Paris, London, New York

Ende der 1940er-Jahre schliesst Sämi seine Ausbildung ab. Er besucht Kurse an der École des hautes études économiques et politiques in Paris und der London School of Economics, dazwischen promoviert er 1949 an der Universität Basel mit einer Arbeit zum Aktienrecht. Durch die Auslandsaufenthalte ist er während des Studiums immer wieder länger getrennt von seiner Freundin Christiane. Manchmal habe sie Sämi nach Feierabend vor der Praxis abgeholt, erinnert sie sich, aber verglichen mit heutigen Verhältnissen habe man sich eigentlich «nicht gut gekannt», als Samuel Koechlin 1950 um ihre Hand anhält.

Am 17. Mai 1951 heiraten Christiane Sarasin und Samuel Koechlin in der Basler Martinskirche. Sie werden von Sämis Onkel Alphons Koechlin-Thurneysen getraut. Der berühmte Pfarrer segnet eine Ehe ab, der alle zuzustimmen scheinen. Die Eltern Sämis schätzen die Schwiegertochter überaus, bereits vor der Hochzeit haben Mamama und Papapa Kiki geradezu ins Herz geschlossen. Anderseits schätzen auch Marie-Louise und Emanuel Sarasin-Grossmann ihren charmanten Schwiegersohn. Der Brautvater – Bandfabrikant und Grossrat – ist einzig enttäuscht, dass er das Paar nach dem Hochzeitsfest im Basler Stadtcasino nicht gebührend verabschieden konnte, denn bereits am nächsten Morgen reisen Kiki und Sämi via Genua nach New York. Die Überfahrt auf der «Italian Line» ist ihr «Honeymoon», das Ziel: Amerika.

Die erste gemeinsame Wohnung von Christiane und Samuel Koechlin-Sarasin liegt im jüdischen Viertel der Upper West Side. Es ist eine kleine, möblierte Bleibe an der 84. Strasse, Hausnummer 324. Wie Sämi fühlt sich auch Kiki in der Ferne wohl. Die Zeit in Amerika sei sehr schön gewesen, «denn es hatte keine Pferde», erklärt sie vielsagend. Ohne das zeitintensive Hobby von Sämi bleibt dem Paar Zeit, die Metropole zu erkunden. Einmal die Woche gönnen sie sich eines der riesigen Steaks, die es hier gibt, ab und an werden sie von Freunden besucht, darunter ein Cousin von Sämi, der als Tierfänger arbeitet. Beim jungen Paar lagert er Schlangen und andere exotische Tiere, die er in Zoos feilbieten will.

Abb. 5
Samuel und Christiane Koechlin, 1950er-Jahre

Das neue Zuhause ist mit gut zwölf Millionen Einwohnern nicht nur die grösste Stadt, sondern das Herz der sprichwörtlich neuen Welt. Anfang der 1950er-Jahre gehen von hier aus Impulse um die Welt – sei es in der Kultur oder in der Wirtschaft. Das erhöhte Tempo passt zum Temperament von Sämi, der im Sommer 1951 seine erste Stelle antritt. Mit 26 Jahren absolviert er ein Praktikum bei der Schweizerischen Kreditanstalt (SKA), der heutigen Credit Suisse. Die Erfahrungen in der Bank gelten als überaus wertvoll für einen Kaufmann – dass aus Sämi ein solcher werden wird, ist seit der Ausbildung an den Eliteschmieden in Paris und London ausgemacht. Die Stelle im New Yorker Büro der SKA ist ein Freundschaftsdienst an Sämis Vater und Onkel, im Verwaltungsrat der J. R. Geigy AG sitzt traditionellerweise ein Vertreter der Grossbank. Für die beiden Patrons der Basler Familienfirma steht es derweil ausser Frage, dass die Karriere des jungen Mannes in ihr Unternehmen führen muss. Sämis älterer Bruder Hartmann P. Koechlin ist nach dem Studium am California Institute of Technology bereits 1950 in die Forschungsabteilung eingetreten, neben dem promovierten Chemiker sind bereits einige Vettern von ihm und Sämi bei Geigy tätig.

Verschiedenen Zeitzeugen ist in Erinnerung geblieben, wie sehr sich Sämi gegen die Laufbahn in der Firma seiner Vorfahren sträubte. Er habe immer wieder betont, sicher nicht in die Geigy einzutreten, sagt seine Ehefrau Christiane. Die Furcht davor, als «fils de papa» eine Karriere in der Familienfirma zu machen, treibt Sämi um, er möchte seinen Beruf selber finden, frei von vererbten Privilegien und den Erwartungen der Elterngeneration. Anfang 1952 diskutiert er stundenlang mit seinem Vater über die berufliche Zukunft. Seine Frau erinnert sich, wie unnachgiebig Hartmann Koechlin bei diesem Geschäftsbesuch in New York aufgetreten ist. Der Delegierte des Verwaltungsrats ist an sich ein verständnisvoller Gesprächspartner, aber ein Punkt bleibt nicht verhandelbar: Der Sohn muss in die Firma – das ist Sämi der Familie schuldig.

Eintritt in den Beruf

Am 1. April 1952 tritt Alphons Samuel Koechlin in die J. R. Geigy AG ein. Das Datum eines Stellenantritts merken sich junge Schweizer, denn oft markiert es den Beginn einer Lebensstelle bis zur Pensionierung. Bei Geigy wird Sämi eine von weltweit knapp 8500 Personen, die sich dem Geschäft mit Farbstoffen, Agrochemikalien und Pharmazeutika widmen. Sein Arbeitgeber zählt zu den grossen Unternehmen der Schweiz, im Jahr des Eintritts macht Geigy erstmals über 300 Millionen Franken Umsatz. Der erste Arbeitsplatz von Sämi liegt an der Barclay Street in Manhattan, wo er in der Finanz- und Rechtsabteilung der Geigy Corporation Inc. tätig ist. Die Büros der amerikanischen Tochtergesellschaft wirken in der pulsierenden Downtown wie aus der Zeit gefallen. Sie sind klein und stickig, die interne Post wird hier mit einem lottrigen Flaschenzug von Stock zu Stock gezogen. Geigy sucht zu dieser Zeit an den Rändern von New York nach Bauland für moderne Büros, um dem rasant wachsenden Geschäft in den USA angemessen begegnen zu können.

Die Expansion auf dem riesigen amerikanischen Markt wird unter Sämis Onkel Carl Koechlin konsequent vorangetrieben. Der Verwaltungsratspräsident verbringt jedes Jahr mehrere Wochen in New York. Er wohnt dann jeweils im Hotel Plaza, seinen Neffen Samuel und dessen Frau Christiane lädt er ab und an ins «Pierre» zum Dinner ein. Auf sie wirkt der Patron in Amerika viel lockerer und entspannter als in Basel, wo er mit seiner Frau Rosalie und Tochter Jenny im späteren Europainstitut der Universität Basel wohnt. Von seiner strengen Seite zeigt er sich bei den Kontrollbesuchen in der Geigy Corporation Inc. Wenn sie dort über den Onkel von Sämi sprechen, verwenden die Mitarbeiter ehrfurchtsvoll die Initialen: CK. Sie stehen Anfang der 1950er-Jahre über allen Angelegenheiten, die für die Zukunft der Firma von Belang scheinen; dazu gehört auch die Karriere von «Dr. Sämi Koechlin». Wie sich dieser in Amerika bewährt, beobachtet CK mit Argusaugen. Manchmal schickt er dem Neffen kleine Aufträge nach New York, einmal ermahnt er ihn in einem Brief: «Privates gehört in keinerlei Korrespondenz.» Die «Lebensdisziplinierung» wird auch von Sämi gefordert, die «Lupe» ist auf ihn gerichtet. Der Grat zwischen Persönlichem und Geschäftlichem ist von Anfang an schmal. Als Neffe darf er den Patron als «Lieber Onkel Carli» anschreiben und seiner Tante Rosalie Grüsse mitschicken, aber es bleibt für Sämi ein Abtasten, was in welche Korrespondenz gehört und wie man sich als Träger des Namens Koechlin in der Firma zu benehmen hat.

Die Beziehung zum Vater entwickelt sich in den USA ungezwungener als jene zum mächtigen Onkel. Seine Briefe beginnt er jeweils mit «Lieber Paps», Hartmann Koechlin schreibt «mein lieber Sämi». Als sich die Häuserschluchten erhitzen, schreibt der Sohn, er und seine Frau Christiane seien «gottenfroh, die Sommermonate nicht in Manhattan verbringen zu müssen». Den finanziellen Zuschuss der Eltern nutzt das Paar, um im Sommer ein Häuschen auf Long Island zu mieten, einmal reisen sie zudem nach Florida und im Frühling 1953 nach Basel. Dort feiert Hartmann Koechlin am 4. April seinen 60. Geburtstag, seinem jüngsten Sohn schreibt er in einer Einladung: «In dieser zerrissenen Welt muss man zusammenhalten und von Zeit zu Zeit zusammenfinden.» Es sei für ihn eine «Mordsfreude», Sämi und Kiki am Fest als «Überraschungsbombe» zu präsentieren. Der Briefwechsel zwischen New York und Basel zeugt von gegenseitiger Zuneigung. Die Distanz zwischen den Generationen scheint im Elternhaus von Sämi weniger gross als in anderen Familien. Bei den Freunden des Sohns hat Papapa – dessen spärlich behaartes Haupt jenes von Sämi gar noch etwas überragt – Eindruck hinterlassen. «Der Vater war ein extrem guter Typ», befindet Guy Sarasin. «Ich habe ihn sehr gut gekannt und auch manchmal um Rat gefragt, wenn ich gefunden habe, dass mir meine Eltern nicht die passende Antwort liefern konnten oder wollten.» Als Jugendlicher hat Sämi seinen vielbeschäftigten Vater nicht oft gesehen, durch den Eintritt in das Geschäft

Abb. 6
Samuel Koechlin, Mitte der 1950er-Jahre

wird das Verhältnis enger. Über die ersten beruflichen Schritte seines jüngsten Sohnes legt Hartmann Koechlin eine schützende Hand.

In der amerikanischen Finanz- und Rechtsabteilung hilft Sämi Koechlin bei der Organisation des rasant wachsenden Netzes von Fabriken und Verkaufsstellen, das 1953 unter dem Namen Geigy Chemical Corporation zusammengeschlossen wird. Im gleichen Jahr wechselt er in die Pharmaceutical Division und folgt damit einem Vorschlag seines Onkels. Wie bereits sein Grossvater sieht auch Carl Koechlin-Vischer im Geschäftszweig der Pharmazie ein riesiges Potenzial. Nachdem sich Sämi in New York eingearbeitet hat, ist er in Amerika als «Ärztebesucher» tätig. Seine Aufgabe wird in einer Publikation von Geigy als Pflege des «direkten Kontakts mit dem Landarzt und Spitaldoktor, dem Klinikleiter und Spezialisten» beschrieben. Um die Produkte der Firma anzupreisen, fährt der promovierte Jurist gemeinsam mit seiner Frau Christiane einmal quer durch die Vereinigten Staaten. Dabei soll er in San Francisco und Los Angeles den wachsenden Markt an der Westküste kennenlernen. Als Ärztebesucher wird er nicht nur mit der Welt der Medizin vertraut, der Nachkomme der in der jüngeren Geschichte der Firma so einflussreichen Familie Koechlin soll in erster Linie beweisen, dass er sich nicht zu schade ist, im Tagesgeschäft anzupacken.

Manager versus Patron

Über Sämis Entwicklung sind Carl und Hartmann Koechlin auch im fernen Basel stets informiert. «Er hat sich in New York ausgezeichnet eingearbeitet und bewährt sich zur Zufriedenheit seiner kritischen Chefs», schreibt der Onkel im November 1952 via «Inter-Office Correspondence» an den Vater. Zu den «kritischen Chefs» zählt Carl Suter, ein alter Weggefährte der Gebrüder Koechlin. Den obersten Leiter der Geigy Chemical Corporation beschreibt ein amerikanischer Berater als «a classic Swiss»: Suter sei wahnsinnig höflich, exakt, reserviert. Im

Vergleich zu anderen Büros in New York herrsche bei Geigy eine strenge Hierarchie mit älteren Herren aus Basel an der Spitze.

Seine Mitarbeiter werden Samuel Koechlin immer mit den USA verbinden, nicht nur weil er gerne «good luck», «sorry» oder «well done» in Memos integriert, sondern weil er an die Vorzüge der amerikanischen Arbeitswelt glaubt. Die grösste Idee, die Koechlin aus Amerika mitnimmt, subsumiert sich unter dem Begriff Management. Die Suche nach einer neuen Art der Unternehmensführung interessiert Sämi seit Jahren, bereits in seiner 1949 angenommenen Dissertation hat er geschrieben, dass im Geschäftsleben «letzten Endes nicht die Rechtsordnung, sondern das Verantwortungsbewusstsein, die Lauterkeit, die Fähigkeit der führenden Männer der Wirtschaft» entscheidend seien. Es sind die letzten Worte seiner unter dem Titel *Schutz und Rechte der Minderheit im schweizerischen Aktienrecht* publizierten Doktorarbeit. Sie gibt eine Tour d'Horizon, für Details findet Sämi in seiner zügig formulierten Schrift kaum Platz. Mit der Promovierung hat sich Koechlin von den Rechtswissenschaften verabschiedet. In seiner Firma bezeichnen ihn später zwar alle als «Dr. SK», doch die meisten Mitarbeiter vermuten eher den Grad «oeconomiae» als «iuris» hinter dem Titel.

Bereits mit den Wirtschaftsstudiengängen in Paris und London hat sich Sämi Koechlin auf den Weg gemacht, einer der – wie er es in seiner Dissertation ausdrückt – «führenden Männer der Wirtschaft» zu werden. Es sind indes weniger die Eliteschmieden Europas, die seine wirtschaftliche Gesinnung prägen, sondern die formativen Eindrücke, die er in Amerika sammelt. «Dort hat Sämi eine Art neue Welt der Industrie und auch eine neue Welt der Ideen kennengelernt», hält Frank Vischer fest. Der Jurist ist Koechlin freundschaftlich und geschäftlich verbunden, in rechtlichen Fragen setzt Sämi später in kaum jemanden so viel Vertrauen wie in Vischer. Die Zeit um 1950 beschreibt der Rechtsprofessor als Anfang eines Aufbruchs: «Sämi war von den neuen Ideen sehr angetan und empfand sie auch als richtig. Die altmodische Struktur fiel weg mit der Zeit.» Im Gegensatz zu Vischer interessieren Koechlin die Feinheiten des Rechtssystems nur am Rande. Die als Doktorand gesammelten Kenntnisse im Bereich des Aktienrechts werden ihm notabene im Zeitalter der grossen Schweizer Unternehmensfusionen um 1970 nützlich werden, in Erinnerung bleiben wird er indes als ein Pionier des Managements in der Schweiz.

In New York begegnet Sämi an allen Ecken den in dunklen Anzügen uniformierten Geschäftsmännern, die als Urheber einer «Ära der Manager» gelten. Die vom Wirtschaftshistoriker Alfred Chandler konstatierte «management revolution» tritt um 1950 in eine neue Phase, in der Manager weniger die Arbeiten in Fabriken als in den rasant wachsenden Büros zu organisieren haben. Im Gegensatz zu Adam Smiths Diktum der «unsichtbaren Hand» der Wirtschaft betont Chandler die «sichtbare Hand» des Managements und damit die Bedeutung der unternehmerischen Planung. Demnach sind die Manager dem Markt nicht ausgeliefert, sondern leiten die Wirtschaft mit einer «sichtbaren Hand». Eine Grundlage des amerikanischen Modells des Managements liegt in der Trennung von Geschäft und Besitz, Exekutive und Aufsicht, Managern und Verwaltungsräten. Es ist ein Bruch mit dem Paternalismus alter Familienunternehmen, der in der Schweiz Tradition hat. Während der Theorie des Managements in seiner Heimat noch lange misstraut wird, ist Sämi Koechlin vom Drive der amerikanischen Manager fasziniert. Sie scheinen ihm dynamischer und kreativer, in ihrem Denken mutiger und optimistischer als die Führungsriegen in Europa.

In den 1950er-Jahren wird im deutschsprachigen Raum mit dem Begriff Manager eher eine Krankheit denn ein Beruf verbunden. In Zeitschriften häufen sich die Berichte über die «Managerkrankheit», die Diagnose steht für die Herz-Kreislauf-Probleme und Erschöpfungszustände der Elite aus Wirtschaft und Politik. Das mit Sorge diskutierte Phänomen ist nicht zuletzt eine Warnung vor den amerikanischen Methoden. Die damit assoziierte Hektik scheint selbst die fähigsten Männer der heimischen Wirtschaft krank zu machen.

Ein bekannter Skeptiker des Managements ist der Basler Volkswirtschaftsprofessor Edgar Salin. Der Deutsche ist eine jener Kapazitäten, die Carl Koechlin in seinem von mintgrünen Vorhängen abgedunkelten und mit idyllisch-arkadischen Landschaften geschmückten Büro zu Rate zieht. Seit 1951 steht Sämis Onkel als Präsident des Vororts des schweizerischen Handels- und Industrievereins an der Spitze der nationalen Wirtschaft, mit Salin bespricht er zu dieser Zeit auch die vermeintliche «management revolution» in den USA. Den sogenannten Managern spricht der Berater in einem Beitrag für die Zeitung der Basler Messe – bei der CK im Verwaltungsrat sitzt – die Führungskraft des «klassischen Unternehmers» ab. Den Unterschied zwischen «klassischen Unternehmern» und modernen «Managern» erklärt Salin bissig-süffisant. Stets an seiner Leistungsgrenze, ja mit den «bekannten Eigenschaften des Velofahrers», suche der Manager letztlich einfach den schnellen Aufstieg auf der Karriereleiter und die Bereicherung seiner selbst. «À la longue», so prognostiziert der Wirtschaftsprofessor, lasse aber «weder der Aktionär noch der Arbeiter zu, dass nur der Manager einen erheblichen Anteil am Profit bezieht». Die Prognose scheint sich rund 60 Jahre später in der Debatte um die «Abzockerlöhne» zumindest ansatzweise zu bestätigen, dabei wird Daniel Vasella von der Geigy-Nachfolgefirma Novartis zum Paradebeispiel für exorbitante Managergehälter.

An der Schwelle zur zweiten Hälfte des 20. Jahrhunderts schreibt Salin, es mangle dem Manager vor allem deshalb an Akzeptanz, da er lediglich ein Angestellter sei und nicht wie der klassische Unternehmer mit «der eigenen Haut, seinem eigenen Kapital, seinem Ansehen und dem seiner Familie» – kurz: «seinem ganzen Lebensschicksal» – vom Erfolg des Unternehmens abhängig sei.

Sein eigenes Lebensschicksal wird Sämi immer mit Geigy verbinden, gleichzeitig distanziert er sich zunehmend von der Annahme Salins, Management sei etwas Fremdartiges. Der berühmte Ökonom hält derweil 1950 fest: «Gerade in der Schweiz ist beachtlich, in wie vielen Fällen auch relativ grosse Unternehmungen, obwohl sie die rechtliche Form der Aktiengesellschaft haben, noch Familien-Unternehmungen alten Stils mit alter Form der Auslese sind.» Salin nennt keine Beispiele, aber Geigy zählt in der Schweiz zu den Aktiengesellschaften, die in erster Linie immer noch Familienunternehmen sind. Der von ihm beratene Carl Koechlin gilt Salin zweifellos als einer dieser «ganzen Kerle», als die er «klassische Unternehmer» bezeichnet.

Wie ein Sohn von Boehringer

Wie tief die Verbindung zwischen dem Patron und der Firma Geigy reicht, drückt der mit Edgar Salin befreundete Berater Robert Boehringer am eindrücklichsten aus. Carl Koechlin habe man im Basler Unternehmen schlicht «CK oder den lieben Gott» genannt. «Denn J. R. G.», so erzählt es Boehringer, habe in der Firma nicht allein als Abkürzung für Johann Rudolf Geigy gestanden, sondern auch für «Jm Reiche Gottes», also im Reich von CK.

Samuel Koechlin wird 1963 in einem Brief festhalten, im Betrieb herrsche ein «Geigy-Geist», der sich auf das «Vorbild» des Onkels beziehe. In seinem Denken hat sich Sämi bis dahin dezidiert vom Paternalismus distanziert. Anstelle eines scheinbar allmächtigen Patrons mit einer getreuen Gefolgschaft wünscht er sich eine Gruppe von sachlich zusammenarbeitenden Managern. Vorerst führt für ihn kein Weg an den grossen alten Herren vorbei, wobei der über 70-jährige Robert Boehringer zu einer wichtigen Figur für seine Karriere wird.

Der Berater stammt wie Salin aus Deutschland, aufgewachsen ist er in Basel. Eine seiner tiefen Überzeugungen drückt er in Mundart aus: «Me ka viel mache, me ka alles mache, aber 's mues ain do sy, wo 's macht, und 's mues em ebbis yfalle.»

Die Zusammenarbeit mit Geigy entwickelt sich ab 1946, ihren Anfang beschreibt Boehringer in typischer Manier: «Carl Koechlin fragte mich, ob ich in der Chemiefabrik Geigy ein grosses Labor für pharmazeutische Produkte aufbauen möchte – ich akzeptierte unter zwei Bedingungen: Ich trage keinen Titel und verfüge frei über meine Zeit – Voilà.» Neben dem Gentlemen's Agreement reicht Boehringer die mit seiner Person assoziierte Grösse völlig aus, um in der Pharmaabteilung von Geigy Einfluss zu nehmen. Der Herr ohne Titel war früher Direktor bei Hoffmann-La Roche, in der Branche kennt sich kaum jemand besser aus als er. Der Historiker Michael Kissener attestiert ihm «geradezu einen Instinkt für ertragsreiche neue Geschäftsfelder». Um Geigy auf dem lukrativen Feld der Pharma zu etablieren, forciert Boehringer – neben seiner industriellen Tätigkeit ein dichtender Homme des Lettres, Philanthrop und Nachlassverwalter des Lyrikers Stefan George – die Zusammenarbeit mit C. H. Boehringer & Soehne Ingelheim. Es ist ebenfalls seine Idee, dass sich Sämi in Deutschland weiter in das Feld der Pharmazie vertiefen soll.

Ende 1953 schreibt der Leiter der Pharmaceutical Division in New York an Sämis Vater Hartmann Koechlin: «I am not exaggerating when I say that Sam's departure has left all of us with a feeling of sincere regret.» Der Sohn habe sich bestens bewährt und sei mit allen bestens ausgekommen, steht im knappen Arbeitszeugnis. Im Geschäft hat Sämi Freundschaften mit jungen Amerikanern geschlossen, sie rufen ihn Sam. Ab 1954 ist er in Basel angestellt, doch bevor er in das Stammhaus eintritt, soll er bei C. H. Boehringer & Soehne im deutschen Ingelheim «Aussenerfahrung» sammeln. Die graue Eminenz Robert Boehringer hat den Familienbetrieb einst selbst geleitet, nun steht der ihm eng verbundene Vetter Ernst Boehringer dem Geschäft vor.

Als sich das Praktikum seines Sohnes abzeichnet, schreibt Hartmann Koechlin nach Ingelheim, er hoffe, der Aufenthalt möge dazu beitragen, «die freundschaftlichen

Bande, die uns verbindet, enger zu knüpfen». Tatsächlich kooperieren die beiden Familienunternehmen seit 1949 auf dem internationalen Markt der Pharmazie. Durch das Praktikum von Sämi kommen sich nach Robert Boehringer und Carl Koechlin nun auch Ernst Boehringer und Hartmann Koechlin näher. Im Zug ihres Briefwechsels schreibt der deutsche Industrielle, man werde «Herrn Dr. Sämi Koechlin» wie «unsere eigenen Söhne einarbeiten», damit meine er mit «sehr viel Sorgfalt und Ernst».

Es sind insbesondere die persönlichen Passagen in den Briefen von Hartmann Koechlin, die den höflichen Ton der Korrespondenz auflockern. «Sie haben ja wohl die ähnlichen Sorgen mit der Ausbildung der kommenden Generation, wie wir sie haben», schreibt er einmal und präzisiert: «Der Name unserer Söhne bringt denselben am Anfang ihrer geschäftlichen Tätigkeit sicher mehr Pflichten als Rechte.» Der Vater von Sämi weiss um die Erwartungen, die an die Vertreter der kommenden Generation gestellt werden, er und sein Bruder Carl haben schliesslich selbst die Fortsetzung des Lebenswerks ihres Vaters als ihre Aufgabe bezeichnet. Den Umgang mit Rechten und Pflichten zu lernen, scheint Hartmann Koechlin eine Herausforderung, die Zeit braucht. «Was wir unseren Kindern geben können», schreibt er Ernst Boehringer, «ist deshalb neben einer allgemeinen Erziehung eine gründliche Fachausbildung und einen weiten Blick.»

In Deutschland soll sich Sämi Koechlin 1954 nicht nur einen Überblick des Geschäfts von Boehringer machen, sondern sich als Repräsentant der Familie bewähren. Wie Sämi bei der Arbeit immer «mit allem selbst leicht fertig» geworden sei, betont Ernst Boehringer in einem Brief, den er Hartmann Koechlin im Oktober 1954 schickt. Um sein so positives Urteil zu belegen, berichtet er, dass «Dr. Sämi Koechlin» bei den Mitarbeitern gerade «menschlich einen so vollen Erfolg» gehabt habe, selbst bekannte Geschäftsfreunde wie Jost Henkel seien «erfreut und beeindruckt» gewesen von der Erscheinung des jungen Mannes. Es ist ein Zeugnis, das bei Geigy auf Anklang stossen muss. Es signalisiert die Entwicklung einer Führungskraft. Vielleicht sogar eines künftigen Patrons? Auf jeden Fall, so hält Ernst Boehringer fest, habe der bald 30-Jährige nun «so viele Sachkenntnisse erworben, dass er mit seiner sympathischen, bescheidenen, aber doch sehr zielsicheren Art in Ihrer Firma einen vollen Erfolg haben wird». Sämi hinterlässt nicht nur beim Geschäftsführer von Boehringer Eindruck. Zeitzeugen erinnern sich, wie schnell er sich mit wenigen Fragen ein Bild machen kann, aufmerksam zuhört, Gedanken eloquent formuliert und auch unpopuläre Entscheide standhaft verteidigt. Sein Gedächtnis scheint ihnen zuweilen sagenhaft: Wie die Schublade aus einem riesigen Schrank habe er Informationen hervorzücken und in die Diskussion einbringen können.

Im Herbst 1954 bezieht Sämi ein Büro, das ungefähr dort liegt, wo er als Jugendlicher die Schlote qualmen sah, wenn er über den Rhein geritten ist. Das Areal Rosental wird in der Firma «Altstadt» genannt, das Labyrinth aus Kamintürmen und Mahlwerken und Geräteschuppen erinnert an die Wurzeln in der industriellen Farbstoffproduktion. Deren Umsatz wurde 1953 erstmals vom Geschäft mit Pharmazeutika und Agrarchemikalien übertroffen. Im Stammhaus begegnet Sämi Direktoren mit so klangvollen Basler Namen wie Staehlin, Iselin oder Von der Mühll, in der Firmenchronik von Geigy steht über die Unternehmensführung: «Immer blieb es gefühlt und verstanden, dass ‹Herren› regierten.» Nun muss sich der junge Koechlin vor Führungskräften beweisen, die sich niemals als Manager bezeichnen würden.

1955–1969

Der olympische Traum
Reisender in der Welt der Pharmazie
Markstein in der Behandlung der Depression
Die Krönung der Vorfahren
Hochziehen oder fallen lassen?
Kronprinz auf Abwegen
Das Old-Boy-Netzwerk
Rückzug auf das Land
Management-Revolution in der Schweiz
Alte Firma sucht neue Dimension

Während ihres Aufenthalts in Deutschland fuhren Christiane und Samuel Koechlin immer wieder nach Basel, um den Bau ihres neuen Heims zu verfolgen. Es liegt am Chrischonaweg 78 im ländlichen Vorort Riehen, direkt nebenan wohnt Sämis älterer Bruder Hartmann mit seiner Frau Cécile Koechlin-Tanner und ihren Kindern. Das Haus plant Sämis Cousin Martin Burckhardt, nach aussen hin wirkt es bescheiden, aber der Garten ist grosszügig. Das raffiniert konzipierte Backsteinhaus bietet genügend Platz für die Familie, die Christiane und Samuel Koechlin in Riehen gründen wollen. Am 18. Juli 1955 kommt ihre Tochter Anne Catherine zur Welt; wie ihr Vater wird auch sie nach ihrem zweiten Vornamen gerufen: Catherine.

Nachdem ihm in Amerika die Möglichkeit dazu gefehlt hat, widmet sich Sämi neben Familie und Arbeit ganz seinen sportlichen Träumen. 1955 gewinnt er den Armand-von-Ernst-Becher und den Jordi-Wanderpreis – es sind die beiden wichtigsten nationalen Trophäen in der Vielseitigkeitsprüfung, eine offizielle Schweizermeisterschaft gibt es noch nicht. In Frankreich nennen sie den dreiteiligen Wettbewerb «concours complet», international setzt sich für die Disziplin der englische Ausdruck Military durch. Neben dem Dressur- und dem Springreiten messen sich die Teilnehmer in einem langen Geländeritt über Hecken und Baumstämme, Gruben und Zäune, Stock und Stein. Der Ritt durch das Gelände ist der spektakuläre Höhepunkt des mehrtägigen Wettbewerbs, fürchterliche Stürze sind dabei nicht selten. Military sei sicher nichts für «Eingebildete und Wehleidige», sagt Sämi gerne.

Der olympische Traum

1955 erwirbt Sämi eine junge irische Fuchsstute mit Spitzenpotenzial. Sie heisst Goya, lebt in einem Stall unweit des Hauptbahnhofs, ist kräftig und furchtlos. Um sich kennenzulernen, reitet Sämi durch die verwunschenen Landschaften des Jura, um das ungestüme Temperament Goyas zu zügeln, übt er die Dressur. Die zahlreichen Turniere, die sie gemeinsam reiten, dienen der Vorbereitung auf die Olympischen Spiele 1956. Vor dem entscheidenden «Military Préolympique» isst Sämi nichts als mageres Fleisch und Salat, damit er das Idealgewicht erreicht. Seine Wangenknochen stechen in diesen Monaten aus seinem Gesicht. Im Mai misst sich Sämi am Murtensee mit den besten Reitern der Kavallerie, es geht im «Military Préolympique» um nichts weniger als die Qualifikation zu den Olympischen Spielen. Aufgrund der strengen Quarantänevorschriften in Australien werden sich die besten Reiter im Sommer in Stockholm und nicht wie die restliche Sportwelt erst Ende November in Melbourne treffen. Für Sämi rückt Stockholm nach dem ersten Teil der Vielseitigkeitsprüfung etwas in die Ferne, in der Dressur bockt seine Goya. Die Strafpunkte vermag das Gespann beim Geländeritt über den sandreichen Boden zwischen Avenches und Salavaux wettzumachen. Nach dem Springen steht schliesslich fest, dass Samuel Koechlin gemeinsam mit Milo Gmür und Roland Perret die Schweiz im olympischen Military-Wettkampf vertreten wird.

Am 10. Juni 1956 reitet Samuel Koechlin reitet auf Goya in das mit 24 000 Zuschauern gefüllte Olympiastadion von Stockholm. In der Ehrenloge sitzt die englische Queen Elizabeth neben der schwedischen Königsfamilie. Die Schweizer Equipe ist vier Tage vor dem Defilee mit der Swissair angeflogen, an den Spielen reitet sie traditionsgemäss in Militäruniform. In der Familie von Sämi haben die olympischen Reitwettbewerbe einen hohen Stellenwert. Sein Schwager Mario Mylius ritt einst selbst mit, Onkel Carl lieh einmal einem Schweizer Teilnehmer eines seiner Spitzenpferde. Für die Wettkämpfe reisen Sämis Frau Christiane und seine Eltern nach Stockholm. Nach der Dressurprüfung – die für Koechlin wieder enttäuschend verlaufen ist – steht das grosse Spektakel an: Die Hindernisse des 35 Kilometer langen Geländeritts gelten bereits im Vorfeld als «mörderisch». Während Christiane und Hartmann Koechlin das Rennen an einer mechanischen Tafel verfolgen, mischt sich Sämis Mutter unter die Schlachtenbummler, die sich beim berüchtigten Hindernis 22 versammeln. Hier stürzt im Wettkampf ein Schwede so schwer, dass sein Wallach «auf der Stelle mit einem Gnadenschuss bedacht» wird, wie ein Schweizer Reporter berichtet. Auch Sämi hat grosse Mühe mit dem «mörderischen Moosgraben», Goya refüsiert den Sprung über die weite Senke, in deren Mitte ein massiver Zaun eingerammt wurde. Das Hindernis 22 überwindet das Duo beim zweiten Anlauf, doch Koechlin habe insgesamt dreimal «mit dem Boden Bekanntschaft» gemacht, schreibt ein Reporter der *Basler Nachrichten* nach dem Husarenritt. Man sei schliesslich einfach «froh» und «stolz» gewesen, dass er im Ziel angekommen sei.

Nach dem Geländeritt wenden sich Tierschützer mit öffentlichen Voten und juristischen Klagen gegen die Veranstalter – es sind frühe Zeugnisse einer Debatte, die Military bis heute begleitet. Ein Drittel der Reiter übersteht den denkwürdigen Geländeritt von Stockholm nicht, 11 von 19 Nationen scheiden dabei aus der Wertung. Ob Koechlin am abschliessenden Springreiten teilnehmen kann oder ob auch seine Mannschaft aus der Wertung fällt, ist nach dem Rennen unklar. Obwohl sich Goya im Gelände zwei klaffende Wunden zugezogen hat, kann das Duo die Vielseitigkeitsprüfung mit einem passablen Resultat beim Springreiten abschliessen. Koechlin landet im Military auf Rang 33, die Schweiz auf dem achten Platz. Für Sämi ist mit der Teilnahme an den Olympischen Spielen ein Traum in Erfüllung gegangen. Es betrübt ihn nicht, dass er in der Dressurprüfung allenfalls einige Ränge besser hätte abschliessen können, wäre er nicht «von den Richtern eher unfreundlich bewertet» worden, wie die *Neue Zürcher Zeitung* festhält. Erinnert man ihn später an die vermeintliche Ungerechtigkeit, entgegnet er brüsk: «Ich habe mitgemacht und mit meiner Leistung vor mir selber bestanden. Das genügt!»

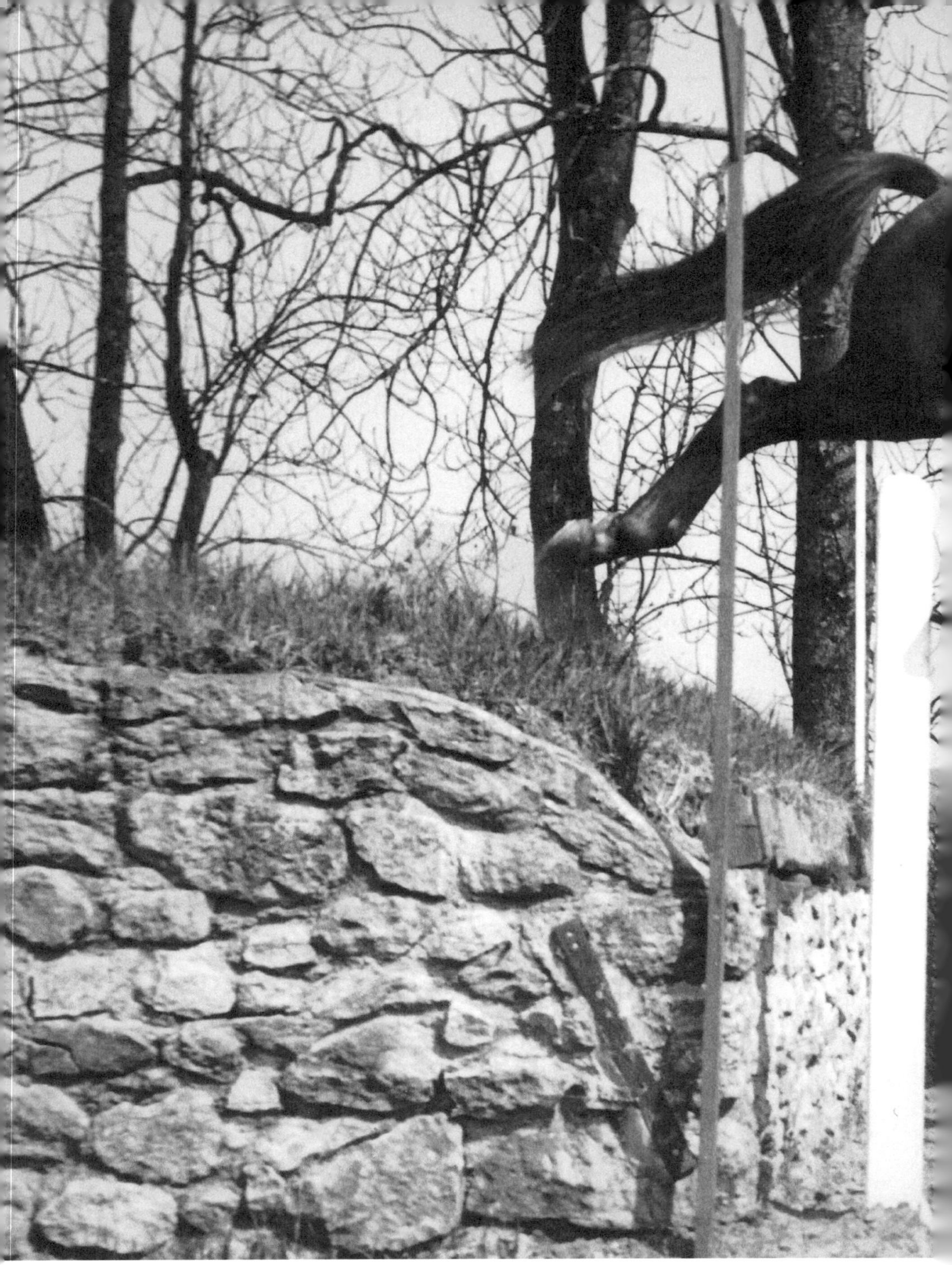

Abb. 7
Samuel Koechlin und Goya, 1956

Abb. 8
Samuel Koechlin auf Geschäftsreise in Peru, um 1960

Das Resultat der Schweizer ist ein «moralischer Erfolg», darin geht die heimische Presse einig. Es ist bekannt, dass sich die Reiter anderorts unter ganz anderen Voraussetzungen vorbereiten konnten. Während Sämi und seine Kollegen Amateure sind, die in ihrer Freizeit und in Wehrdienstkursen trainieren, besitzt zum Beispiel Grossbritannien seit einigen Jahren eine professionelle Equipe. Ihr grösster Star heisst Pat Smythe, sie symbolisiert wie keine andere den Umbruch, in dem sich die traditionsreiche Sportart um 1956 befindet. In Stockholm dürfen erstmals Frauen im Springreiten mitmachen – acht Jahre später fällt mit dem Military die letzte Bastion der Kavallerie. Als Sämi an den Sommerspielen teilnimmt, gewinnt Smythe mit der Britischen Equipe Bronze im Springreiten. Nach den Olympischen Spielen schreibt sie in einem ihrer erfolgreichen Pferdebücher, dass in Schweden «ein Freund eine Fuchsstute ritt», die er ihr ein Jahr vorher abgekauft hatte. Gemeint sind Samuel Koechlin und seine Goya. Pat und Sämi kennen sich bereits seit Jahren. Sie verstehen sich gut, für Zeitzeugen vielleicht verdächtig gut.

Reisender in der Welt der Pharmazie

Seine sportlichen Ambitionen stellt Sämi Koechlin nach den Olympischen Spielen endgültig hinter die berufliche Karriere zurück. Etwa drei Monate verbringt er jährlich auf Geschäftsreisen, die in der zweiten Hälfte der 1950er-Jahre von einer Geigy-Niederlassung zur nächsten führen. Die unterdessen in den New Yorker Vorort Ardsley verlegten amerikanischen Büros und die Tochtergesellschaften in Europa besucht er besonders oft, reist aber auch nach Ägypten, Brasilien, Japan, Libanon oder Mexiko. In seinen schnörkellos geschriebenen Reiseberichten wird ein rasanter Aufstieg erkennbar. Im wohlvertrauten Ingelheim verhandelt er neue Verträge mit Boehringer, in den USA beschäftigt er sich mit den strenger werdenden Auflagen der Food and Drug Administration (FDA).

Seine Karriere baut Sämi nicht auf den in der Schweizer Wirtschaft so bedeutenden militärischen Meriten auf. Obwohl er weiss, wie wichtig seinem Onkel Carl Koechlin der Dienstgrad ist, entscheidet er 1954, dass er nicht vom Oberleutnant zum Hauptmann weitermachen wird. In einem langen Brief rechtfertigt sich Sämi für den Entscheid, gegenüber dem Patron betont er, wie sehr er es bedaure, nie «ein Schwacron» führen zu können, aber er müsse Prioritäten setzen, mit bald 30 wolle er sich nun ganz auf die Firma konzentrieren. CK ist von jeher «an allem Militärischen interessiert», wie er einmal schreibt. Doch immerhin weiss er aus eigener Erfahrung, dass man auch ohne eine glanzvolle Karriere in der Armee aufsteigen kann in der Schweizer Wirtschaft. Aufgrund eines Reitunfalls, bei dem sich sein rechtes Knie versteifte, beendete auch der Onkel seine Karriere als Leutnant.

Im Stammhaus übernimmt der Neffe trotz des verhältnismässig bescheidenen Dienstgrades immer anspruchsvollere Aufgaben. Die Memos von Samuel Koechlin zirkulieren in den oberen Rängen, sein Kürzel SK ist bald weitum bekannt. Im Verteiler seiner Berichte steht immer auch der Name Robert Boehringer. Die graue Eminenz der Pharmaabteilung führt den jungen Koechlin unter anderem durch eine Audienz bei Hans Stenzl im Stammhaus ein. Den Chemiker hat Boehringer bei seinem ehemaligen Arbeitgeber Hoffmann-La Roche abgeworben, für Geigy entwickelte Stenzl das Antirheumatika Butazolidin – den ersten Grosserfolg der jungen Pharmaabteilung. In dieser sieht Robert Boehringer eine zentrale Rolle für den Sohn von Hartmann Koechlin vor, 1957 schreibt der Berater dem Delegierten des Verwaltungsrats: «Und nicht wahr? Sie wissen auch wie sich Dr. Samuel Koechlin immer bewährt?» Obwohl er nach wie vor keinen Titel trägt, leitet Boehringer die Sitzungen des sogenannten Pharmagremiums, an denen seit 1956 auch Sämi Koechlin teilnimmt und zeitweise das Protokoll führt. Das Gremium ist die Zentrale der Abteilung, hier fällt der Entscheid, ob ein Stoff aus dem Labor in den Handel kommen soll oder nicht.

Der Sohn habe sich dort bestens integriert, versichert der berühmte Industrielle Hartmann Koechlin: «Mutig, loyal, klug, nuanciert, vorausschauend, aufmerksam, rasch und doch discipliniert überlegend ist er der Pharma unentbehrlich geworden.» Robert Boehringers Einschätzung steht dem überschwänglichen Arbeitszeugnis, das sein Vetter Ernst Boehringer drei Jahre zuvor von Ingelheim nach Basel geschickt hat, in nichts nach. Hartmann und Carl Koechlin ist die Hymne aus der Feder von Robert Boehringer wohl noch mehr wert. Der hochgeschätzte Berater listet 1957 eine Reihe von vielversprechenden Eigenschaften auf: «mutig», «vorausschauend» und «rasch», aber auch «diszipliniert», «loyal» und «nuancierend» sei. Die Mischung aus progressiven und konservativen Qualitäten scheint praktisch alle Wünsche zu erfüllen, die man gemeinhin an eine Führungskraft stellt.

Sämi Koechlin steigt bereits 1957 in den Rang eines Vizedirektors auf. Er ist ein dynamischer junger Mann, fallen Aschepartikel aus seiner Pfeife auf die Korrespondenz, wischt er sie energisch weg. Im zunehmend globalen Business verständigt er sich problemlos auf Englisch und Französisch, die komplexen Sachverhalte versteht er nicht nur schnell, sondern ordnet sie umsichtig in grössere Zusammenhänge ein. Obwohl er die Forscher in ihren Labors offen bewundert, hält er Marktforschung und gezielte Werbung für die entscheidenden Grössen, um die Firma im rasant wachsenden Pharmamarkt zu etablieren. In der Abteilung übernimmt Sämi jene Funktion, die Robert Boehringer für die wichtigste hält: Leitung des Marketings. Eine Hauptaufgabe von Samuel Koechlin ist dabei die Vermarktung von Tofranil. Dem Medikament eilt der Ruf des ersten Antidepressivums der Welt voraus.

Markstein in der Behandlung der Depression
Pharmazie und Psychiatrie haben sich just zu jener Zeit gegenseitig entdeckt, als Sämi Koechlin in die Firma eingetreten ist. Seit Anfang der 1950er-Jahre gehen sie eng umschlungene

Wege, Historiker konstatieren eine «Revolution der Psychopharmaka». Die kurz davor etablierten Methoden wie Lobotomie oder Insulinschocks weichen in der Psychiatrie nun langsam dem Glauben an die wundersame Heilkraft von Pillen. Als Koechlin in das Basler Stammhaus wechselt, sucht Geigy auf Hochtouren nach «mental drugs».

Die stimmungsaufhellende Wirkung des später als Geigy Tofranil (Imipramin) bekannten Stoffs wird erstmals im ländlichen Münsterlingen beobachtet. Der dort praktizierende Psychiater Roland Kuhn verabreicht das in Basel synthetisierte Präparat mit dem Code G22355 an verschiedene Patienten. Von den zig Stoffen, die in verschiedenen Kliniken getestet werden, erhofft man sich Hinweise auf ein eigenes Neuroleptikum, wie es Rhône-Poulenc seit 1953 im Sortiment führt. Während G22355 bei schizophrenen und manischen Zuständen nicht zu wirken scheint, beobachtet Kuhn einen Effekt des Stoffs bei sogenannten Melancholikern. Die niedergeschlagenen Patienten würden durch das Mittel «allgemein lebhafter», hält der Psychiater Anfang 1956 fest: «Das Jammern und Weinen hört auf.» Im Pharmagremium von Geigy weiss man zunächst nicht, was man mit dem Hinweis auf eine derartige «Wunderkur» anfangen soll. Es stellt sich zu dieser Zeit die heute absurd scheinende Frage, ob es überhaupt einen Markt für ein Medikament gegen Depressionen gibt. Gemäss dem Historiker Edward Shorter sind es nicht zuletzt die Erfahrungen Robert Boehringers, der das einst unter dem Code G22355 getestete Präparat seiner an Depressionen leidenden Frau Margarete verabreicht habe, die den Ausschlag für die Lancierung von Tofranil geben. Wie überzeugt Boehringer von der in Münsterlingen entdeckten Arzneiwirkung ist und was für ein grosses Erfolgspotenzial er Tofranil zutraut, teilt er Samuels Vater Hartmann Koechlin 1957 in einem Brief mit: «Wie heilsam es bei einer Depression wirken kann, habe ich selbst beobachtet, und in wie viel Familien tritt dieses Leiden auf!»

Das Medikament kommt 1958 unter dem Namen Tofranil (Imipramin) auf den Markt, zunächst wird es ausschliesslich in Schweizer Kliniken vertrieben. Um das neue Produkt zu vermarkten, plant die von Samuel Koechlin geleitete «Propaganda-Abteilung» eine sogenannte Prestigekampagne. Bei Geigy gilt generell die von Robert Boehringer verbreitete Devise, dass Pharmazeutika «nicht *ver*kauft, sondern propagiert und *ge*kauft werden». Sämi Koechlin beschäftigt sich seit Jahren mit der «alten Frage» des Marketings, die er in einem Bericht als «Prestige- versus Präparatewerbung» bezeichnet. Demnach gilt es auch im Fall von Tofranil, das Fachpublikum möglichst subtil und nicht marktschreierisch von der stimmungsaufhellenden Wirkung des neuen Medikaments zu überzeugen. Das Mittel muss nicht an Patienten *ver*kauft, sondern von den Psychiatern und Ärzten in den Kliniken *ge*kauft und eingesetzt werden.

Koechlin arbeitet entlang der Schnittstellen zwischen Werbung und Wissenschaft, seine Aufgabe ist es, die Arbeit der «Propaganda-Abteilung» mit der medizinischen Praxis in Einklang zu bringen. Mitte der 1950er-Jahre beschäftigt die Werbung über hundert Personen, darunter Grafiker, Filmemacher und Texter. Ihr Hauptkunde ist die pharmazeutische Abteilung, die Tofranil als ein Mittel für sogenannte Melancholiker vermarkten will. Für die Kampagne auf dem kleinen Schweizer Markt illustriert die Gestalterin Nelly Rudin das Leiden mit Fotografien von Greisen, die im Schatten einer bedrohlich wirkenden Wand kauern. Auf den Inseraten steht: «bei affektiven Störungen des höheren Lebensalters wie postapoplektischer Verstimmung, Zwangsweinen, querulatorischer Unzufriedenheit, chronischer Gereiztheit, Kontaktarmut und bei chronisch-somatischen Leiden, die sich auf die Psyche auswirken.»

Das Design von Geigy hat international höchstes Renommee, in ihrem klaren Stil erinnern die Verpackungen und Werbeprodukte an ein wissenschaftliches Erzeugnis. Die gewünschte «Prestigewerbung» prägt die Verpackungen und Inserate für Tofranil, aber die Kampagne für die «mental drug» deutet auch die Limiten von Grafikern und Textern an. Das gewünschte Prestige, so schreibt Samuel Koechlin, laufe in der Welt der Medizin schliesslich vor allem über «wissenschaftliche Berichte». Die formvollendeten Grafiken und pointierten Werbebotschaften vermögen den gewissenhaften Stil der Forscher zu imitieren, die «wissenschaftlichen Berichte» können indes nicht in der sogenannten Propaganda verfasst werden. Die Studien von Akademikern und Praktikern nennt Koechlin denn auch «propagandistisch wertvolle Publikationen», die Referenten an den von Geigy mitorganisierten Wissenschaftskongressen «Wanderprediger». Es sind saloppe Beschreibungen, die das enge Zusammenspiel von Medizin und Industrie andeuten, sie sollten aber nicht darüber hinwegtäuschen, dass Sämi selbst zutiefst an die Wunder der Wissenschaft glaubt. Tofranil scheint auch ihm zweifellos ein medizinischer Meilenstein zu sein. Die massgeblich von ihm koordinierte Kampagne zur Lancierung von Tofranil ist ein frühes Zeugnis der wechselseitigen Beziehung zwischen Pharmazie und Psychiatrie.

Seine eigene Tätigkeit im Pharmamarketing wird Sämi Koechlin Ende der 1970er-Jahre einmal in der Firmenzeitung beschreiben. Als Leiter sei es damals seine Aufgabe gewesen, «neue Ideen aufzuspüren, ein Klima der Kreativität aufkommen zu lassen und dann zu entscheiden: das ist eine gute Idee, die packen wir jetzt». Die bei Geigy in der zweiten Hälfte der 1950er-Jahre etablierte Idee, dass Pillen eine Depression heilen können, packt nicht nur Koechlin und seinen Mentor Robert Boehringer, sondern verbreitet sich auf Anhieb international. Bereits ein halbes Jahr nach der Marktzulassung in der Schweiz meldet Koechlin im Juli 1958 aus Frankreich: «Das gleiche Bild wie überall: Ein riesiges Interesse aus allen Kreisen der französischen Psychiatrie. Leider auch die bekannte Kehrseite dieses Bildes: Substanzmangel.» Damit wenigstens die nötigen Prüfungen vorangehen könnten, würden in Paris fünf Kilogramm

**Tofranil® Geigy
Ein Markstein
in der
Behandlung
der Melancholie**

Magische Vorstellungen bestimmten früher häufig die Wahl des Mittels gegen Gemütskrankheiten – wie diese Darstellung der Mandragora aus dem «Gart der Gesundheit» (1485) zeigt

Abb. 9
Werbung Tofranil Geigy, Umschlagrückseite
Documenta Geigy: Acta Psychosomatica, 1960

Imipramin – der generische Name von Tofranil – benötigt. Auch aus Manchester berichtet Koechlin von der drohenden Verzögerung der Zulassung, da nicht genügend Substanz produziert worden sei. In Kanada würden derweil monatlich ungefähr 200 000 Dragees an verschiedene Prüfstellen abgegeben. Die internationale Vermarktung von Tofranil läuft nun auf Hochtouren, Geigy möchte seine «mental drug» 1959 in verschiedenen Ländern lancieren.

Eine herausragende Rolle in der internationalen Prestigekampagne für Tofranil nimmt die *Documenta Geigy – Acta psychosomatica* ein. Die erste Ausgabe erscheint Ende 1957 auf Französisch und deutet sogleich ein neues Feld der Medizin an, ihr Titel: *Introduction à la tendance psychosomatique de la médecine*. Die Publikation bietet endlich jene wissenschaftlichen Berichte, die für das von Sämi Koechlin geleitete Pharmamarketing unverzichtbar sind. Die Hefte dienen als eine Plattform, auf der das Krankheitsbild Depression eingeführt und definiert wird. Das altbekannte Gefühl Melancholie weicht in den auf Deutsch, Französisch und Englisch verfassten und teilweise auf Chinesisch, Spanisch oder Japanisch übersetzten Heften immer mehr der Krankheitsdiagnose Depression.

Wie es sich für eine Prestigekampagne gehört, bewirbt Geigy die eigene «mental drug» in der *Acta psychosomatica* zunächst gar nicht und in späteren Nummern mit Zurückhaltung. Es sind in erster Linie die renommierten Autoren, die das neue Medikament dem Fachpublikum empfehlen. Zu den Verfechtern von Tofranil zählt der Basler Professor Paul Kielholz. In der Schriftenreihe von Geigy berichtet er, dass in seiner Klink immer mehr Patienten mit Symptomen wie Grübelei, Hoffnungslosigkeit oder Selbstmordgedanken eingeliefert werden. «Nimm dich zusammen», sei leider eine gängige Mahnung vieler Ärzte an die Kranken, «mit Willen kann man alles» eine andere. Anstatt von einer Melancholie sprechen Kielholz und andere Psychiater fortan von einer «endogenen Depression».

Den Wandel vom Zustand der Melancholie zum Krankheitsbild der Depression antizipiert auch der Beitrag von Jean Starobinski. In seiner Geschichte der Melancholiebehandlung beschreibt der Genfer Philosophieprofessor, seit der Antike gelte der Depressive als «Typus des unzugänglichen Wesens, des Gefangenen in einem Kerker, zu dem der Schlüssel noch zu finden ist». Auf der Rückseite dieser Ausgabe der *Acta psychosomatica* wird schliesslich ein Paradigmenwechsel verkündet: «Tofranil Geigy: Ein Markstein in der Behandlung der Melancholie.» Endlich scheint der «Schlüssel» bereitzuliegen: Geigy verspricht mit Tofranil den Zugang zum krankhaften Geist, der im «Kerker» der Depression steckt. In wissenschaftlichen Studien heisst es fortan immer wieder, das Medikament von Geigy ziele auf das «Depressionssyndrom» im Gegensatz zu Tranquilizern und Stimulanzien, die lediglich sedierend oder euphorisierend wirken würden. Die passende Bezeichnung Antidepressivum wird 1959 erstmals an einem von Geigy mitorganisierten Wissenschaftskongress in Montreal verwendet. Zu dieser Zeit sei die Diagnose Depression in der Praxis bereits «über alle Zweifel erhaben», wie die Psychiaterin Joanna Moncrieff schreibt; von nun an entwickle «sich etwas, das dem modernen Konzept der Depression ähnlich ist».

Die Priorität bei der Vermarktung des ersten Antidepressivums legt Geigy auf den riesigen Markt der USA. Dort sieht Sämi Koechlin ab 1958 ein besonders «intensives Seeding von Tofranil bei Psychiatern und Mental Institutions» vor. Das Seeding auf dem Markt – also das «Einpflanzen» eines neuen Medikaments – geschieht unter Ausschluss der Öffentlichkeit. Der Begriff aus dem Marketingjargon steht für das Verteilen von Probemustern und wissenschaftlichen Informationen an Mediziner. Koechlin hat als Ärztebesucher einst selbst den Kontakt mit den Praktikern geübt, als leitender Angestellter setzt er sich noch lange für die Erhöhung der sogenannten wissenschaftlichen Propaganda-Abteilung ein.

Die dort gesammelten Informationen gelten ihm als Nonplusultra, um den Markt der Medizin zu verstehen. Nach dem Seeding entwickelt sich Tofranil auch in den USA zu einem Grosserfolg, die Marktzulassung feiert man 1959 ganz im Sinne einer Prestigekampagne: Im neuen amerikanischen Hauptsitz in Ardsley wird eine Skulptur des berühmten Plastikers Harry Bertoia enthüllt. Die aus dem inneren Kern heraus leuchtende Metallkugel dient als Metapher für die aufhellende Wirkung von Tofranil. Bei einer Geschäftsreise konstatiert Koechlin im Oktober 1960 zufrieden, das Medikament von Geigy gelte in amerikanischen Spitälern als «das beste Mittel gegen Depressionen».

Als Leiter des Pharmamarketings regt Samuel Koechlin Besuche von Medizinern beim Entdecker von Tofranil an. «Die Herren sind nach der Vorstellung in Münsterlingen sehr an diesem Präparat interessiert», meldet er im März 1958 aus Deutschland. Kurz darauf fordert Koechlin leitende Angestellte aus Amerika zu einer Reise an das Thurgauer Ufer des Bodensees auf. Dort fand Roland Kuhn nicht nur erste Indizien für die Wirkung des Stoffs, sondern setzt Tofranil und andere Psychopharmaka während Jahrzehnten im grossen Stil ein. Gegenwärtig untersucht eine Gruppe von Historikerinnen und Historikern die Bedingungen, unter denen Kuhn die Stoffe von Geigy und anderen Firmen getestet und verwendet hat. In der Presse finden sich seit 2014 immer wieder Hinweise auf «ethisch fragwürdige und wissenschaftlich zweifelhafte» Praktiken, darunter Versuche mit unmündigen Patienten. Die Rolle der pharmazeutischen Industrie wird mit dem Abschluss des Forschungsprojekts besser beurteilt werden können.

Die vor 60 Jahren in Münsterlingen entdeckte Wirkung von G22355 und die darauffolgende Vermarktung von Tofranil verändern die Psychiatrie nachhaltig. Die anfänglichen Bedenken, ob es für Antidepressiva überhaupt einen Markt gibt, verflüchtigen sich in der J. R. Geigy AG schnell. Im Lauf der 1960er-Jahre wächst deren Umsatz bei Geigy auf über 400 Millionen Franken und überholt damit jenen der Antirheumatika.

Mit Tofranil und ähnlichen Mitteln hält die Firma 1970 gut 20 Prozent des Weltmarktes für Antidepressiva. Samuel Koechlin ist bei Geigy ein Fürsprecher der «mental drugs». Welche Dimension das Geschäft mit stimmungsaufhellenden Pillen noch annehmen wird, deutet sich indes erst nach seinem Tod an. Seit den 1990er-Jahren vervielfacht sich der Absatz von Antidepressiva wie Prozac in rasantem Tempo. Bis 2030, so eine Prognose der World Health Organization, wird Depression die weltweit häufigste Krankheitsursache darstellen.

Die Krönung der Vorfahren

Egal ob Salben, Dragees oder Sprühmittel, Psychopharmaka, Pestizide oder Antirheumatika, Butazolidin, DDT oder Tofranil – die Produkte von Geigy und deren Konkurrenten werden in den 1950er-Jahren weitum als Früchte des Fortschritts gefeiert. Die chemisch-pharmazeutische Branche gilt als «Zukunftsindustrie» schlechthin. Auch in der Schweiz steigen die Löhne im Zuge des «Wirtschaftswunders», das Geld reicht bald für Autos, bald für Waschmaschinen, bald für eine Hausapotheke. Tabak und Alkohol stehen der sprichwörtlichen Konsumgesellschaft à discretion zur Verfügung, die «Fresswelle» rollt über Westeuropa. Zu den irritierenden Phänomenen zählt Ende des Jahrzehnts nach wie vor die «Managerkrankheit». Die gehäuften Herzinfarkte und Nervenzusammenbrüche der Elite werden weiterhin mit den wachsenden Herausforderungen erklärt. Im Umfeld von Sämi macht man sich zuweilen Sorgen um seine Gesundheit. Seit den Olympischen Spielen arbeitet er anscheinend ununterbrochen.

Während Sämi sportliche und berufliche Erfolge gelingen, wächst zu Hause in Riehen die Familie. Am 6. Juni 1957 kommt die zweite Tochter Sibylle Christiane Valerie zur Welt, am 18. März 1959 folgt Dominique Samuel. Der Sohn wird schon bald auf der Schreibweise Dominik beharren. Sibylle, Dominik und ihre ältere Schwester Catherine rufen ihren Vater «Babbe» oder «Babs». Er bringt ihnen immer wieder Tiere mit nach Hause, die ein befreundeter Veterinär bei sich aufpäppelt: Hasen, Hunde, einmal eine Ziege. Mit seinen Kindern unterhält sich Sämi in humorvollen Sprachspielen, treibt Unfug und spielt mit ihnen im weitläufigen Garten. Allein, «Babbe» ist immer seltener in Riehen, und wenn er da ist, nimmt er sein gelbes Aktenköfferchen mit ins «Herrenzimmer», das auf dem Plan des Hauses in Riehen eingezeichnet ist. Dort türmen sich die Papiere, die er jeweils nach Feierabend und an den Wochenenden studiert. In seinem Büro möchte er nicht gestört werden, am Sonntag steht er bereits um 5 Uhr auf, um zum Stall zu fahren und auszureiten. Die Pferde müssen neben den wachsenden Anforderungen im Beruf ein Hobby bleiben, die Aufopferung für die Firma seiner Vorfahren versteht Sämi mit Anfang 30 als seine Pflicht.

Wie eng die Verbindung der Familie Koechlin zur Firma Geigy und der Stadt Basel ist, manifestiert sich 1958 auf einmalige Weise. Der Höhepunkt des Festreigens zum 200-Jahr-Jubiläum von Geigy steigt im Stadtcasino – also jenem traditionellen Treffpunkt des Basler Patriziats, in welchem Christiane und Samuel Koechlin-Sarasin vor sieben Jahren ihre Heirat gefeiert haben. Am grossen «Tag der Wissenschaft» von Geigy nehmen sie selbstverständlich teil, ein kleines, vergilbtes Foto zeigt das Paar an der Abendgala. Es ist eine Feier, die zu Superlativen verleitet: «Wohl noch nie hat der sonst so nüchterne Saal eine solche Prominenz gesehen», schreibt die *National-Zeitung*. Auf Einladung von Geigy versammeln sich neben Politikern und Industriellen eine Reihe von Nobelpreisträgern. Die Naturwissenschaftler stehen zwar im Zentrum der Aufmerksamkeit, überstrahlt werden sie jedoch von ihren galanten Gastgebern – Carl und Hartmann Koechlin. Im Rahmen der Feier erhalten die beiden Verwandten von Sämi eine Ehrendoktorwürde der Universität Basel verliehen, vice versa ehrt die Firma das humanistische Erbe der alten Rheinstadt. Es ist Sämis Vater Hartmann Koechlin vorbehalten, der illustren Gesellschaft das hinter zwei Flügeln versteckte «Bildnis einer 34-jährigen Frau» (heute identifiziert als «Bildnis der Gattin von Jörg Fischer», 1512) von Hans Holbein dem Älteren zu präsentieren. Nach der grossen Enthüllung überreicht er es dem Rektor der Universität und damit der Stadt Basel. Der Historiker Georg Kreis hat nachgerechnet, dass der Preis von 400 000 Franken, den Geigy für das Bild bezahlt hat, heute einem Wert von über eineinhalb Millionen entsprechen würde – ganz abgesehen von der allgemeinen Teuerung auf dem Kunstmarkt. Das Porträt ist nicht nur ein kostbares, sondern ein überaus symbolisches Geschenk, wie die lokale Presse festhält.

Bereits die Abendblätter berichten ausführlich von «Geigys Holbein-Geschenk», die *National-Zeitung* gratuliert auf der Titelseite: «Die Farben des Geschenks, die über 400 Jahre ihre volle Leuchtkraft bewahrt haben, mögen ein Symbol für das weitere Gedeihen der Jubilarin sein.» Es folgen Elogen auf diese einfache Dame, die so selbstbewusst, ja forsch in die Augen des Betrachters schaut. Das Bild erlaubt durchaus Bezüge zum Image der J. R. Geigy AG. Vor Kurzem habe Holbein der Ältere noch als «verknorzter Gotiker» gegolten, schreibt ein Kunstkritiker nach der Übergabe, nun aber sei der Maler eine «Entdeckung der letzten Jahre». Ähnliches lässt sich für Geigy sagen.

In den 1950er-Jahren wächst Geigy innerhalb der Basler chemisch-pharmazeutischen Industrie am eindrücklichsten; nach dem Umsatz von Sandoz überholt die Firma just im Jubiläumsjahr auch jenen von Hoffmann-La Roche, die im Gegensatz zu den drei grossen Basler Chemiefirmen ihre Wurzeln in der Pharmazie und nicht den Farbstoffen hat. 1958 nimmt nur Ciba mehr ein als die Firma von Sämi; der übermächtig scheinende Konkurrent erwirtschaftet 913 Millionen Franken, Geigy 615 Millionen.

Die 200 Jahre alte Basler Firma hat den Ruf einer rückständigen Farbstoffproduzentin binnen zwei Jahrzehnten abgelegt.

Abb. 10

Übergabe von Hans Holbein d. Ä. «Bildnis der Gattin von Jörg Fischer» durch Hartmann Koechlin an Paul Huber (Rektor Universität Basel, links), 1958

Abb. 11
200-Jahr-Jubiläum J. R. Geigy AG im Stadtcasino Basel, 1958

Wie modern die Firma heute ist, präsentiert sie nicht zuletzt mit dem Geigy-Hochhaus auf dem Rosental-Areal. Das wiederum von Sämis Cousin Martin Burckhardt geplante Gebäude wird im Jubiläumsjahr 1958 festlich eingeweiht, Geigy bezeichnet es als ein Symbol für das neue «technische Zeitalter». Das Hochhaus – heute Hauptsitz von Syngenta – ist damals mit 53 Metern das höchste der Stadt, heute wird Basel vom 178 Meter hohen Roche-Turm überragt.

Im Rahmen der 200-Jahr-Feier präsentiert Geigy zwei Erklärungsansätze für das aufsehenerregende Wachstum: die Wissenschaft und die Familie Koechlin. Der Wirtschaftshistoriker und Salin-Schüler Alfred Bürgin schreibt in der grossen Firmengeschichte, die 1958 erscheint: «Es war vor allem die Familie Koechlin, die der Firma jene neuen Kräfte zuführte», die «unter Wahrung der Tradition» die «weltweite und weltbedeutende» Stellung der Basler Firma geschaffen habe. Die Chronik erklärt beinahe alle Erfolge mit dem Wirken eines Familienzweigs, der von Sämis Urgrossonkel Johann Rudolf Geigy-Merian über den Grossvater Carl Koechlin-Iselin zu Carl Koechlin-Vischer und Hartmann Koechlin-Ryhiner reicht. Die Entwicklung unter der Ägide seines Onkels und seines Vaters kann Sämi fortan im zweiten Band der Firmengeschichte mit dem Titel *Geigy heute* nachlesen. Der Abschluss der Chronik stammt von Markus Kutter. Der Historiker ist seit 1953 in der Firma tätig, während des Jubiläumsjahrs wird er an der Fasnacht als «public-männli seiner Firma Gaigi AG» verballhornt, ein Schnitzelbank frotzelt derweil, die zwei in der Jubiläumszahl 200 stehe für die beiden Koechlin, die Doppelnull für die beiden verbleibenden, aber im Geschäft weit weniger einflussreichen Geigy. Der schriftliche Beleg für den bissigen Vergleich liegt nicht vor, aber Zeitzeugen erinnern sich daran – und in diesem Fall gilt: «Se non è vero, è ben trovato.»

Der PR-Spezialist Kutter hat den gleichen Jahrgang wie Sämi, mit welchem er sich gut versteht. Neben der Planung der Jubiläumsanlässe von Geigy hat er sich weit über die

Stadtgrenzen hinaus einen Namen als Intellektueller gemacht. Gemeinsam mit dem Schriftsteller Max Frisch und dem Soziologen Lucius Burckhardt veröffentlicht Kutter 1955 das Pamphlet *achtung: die Schweiz*. Nach den Kriegsjahren mangle es an neuen Ideen für die Zukunft, schreiben die Autoren um den berühmten Max Frisch: «Es gibt weiterhin kein Land, wo so wenig Auseinandersetzung zu finden ist wie in der Schweiz.» Ihr Weckruf passt zum Denken von Sämi Koechlin. Auch ihm scheint das Heimatland konservativ und selbstgenügsam, die Stimmung der 1950er-Jahre miefig und kleinkariert. Nach dem Abschluss der 200-Jahr-Feier gründet Kutter eine Werbeagentur, die unter dem Kürzel GGK internationalen Erfolg feiern wird. Mit der Geschichte von Geigy setzt sich der Basler Historiker weiterhin auseinander. In Büchern, in Zeitungen und schliesslich auf seiner Website finden sich Vignetten der «altväterischen Geigy», in der namentlich die Brüder Carl und Hartmann Koechlin bei allem «liebevoll gepflegten baslerischen Understatement» durchaus fortschrittliche Ideen verfolgt haben, wie Kutter stets betont. Seiner Bewunderung für die Familie von Samuel Koechlin widmet er eine schwärmerische Ode: «Ihr Spielfeld, wenn man es so sagen darf, war die Wirtschaft dieses Oberrheins, wo man Grenzen nur kennt, um sie zu überwinden.»

Obwohl ihn die eigene Familientradition ein Leben lang begleiten wird, sucht Sämi nach Wegen der Emanzipierung. Im Gegensatz zu seinen berühmten Vorfahren will er keine öffentlichen Ämter übernehmen, immerhin wird er aber Mitglied der Basler Handelskammer, die sein Urgrossvater, sein Grossvater und sein Onkel Carl einst präsidiert haben. Als dreifacher Familienvater scheint sich Sämi nun mit dem Leben in Basel zu arrangieren. In der Firma seiner Vorfahren, in die er einst partout nicht eintreten wollte, eilt er geradezu die Karriereleiter hoch. Nach gut sechs Jahren in der Pharmaabteilung wechselt er 1960 in die zentrale Geschäftsverwaltung, bereits ein Jahr später wird er dort in den Rang eines stellvertretenden Direktors befördert. Was nach aussen nicht auffällt: Mit den beruflichen Erfolgen bleibt für Sämi die Furcht verbunden, der Aufstieg sei ihm vielleicht gar leichtgefallen und er eben doch ein «fils de papa». «Es wurde vielleicht manchmal gesagt, dass er sich in ein gemachtes Nest setze», erinnert sich Guy Sarasin an die Karriere seines Freundes, «ob man will oder nicht: Das stimmt natürlich ein bisschen, aber Sämi war auch wirklich sehr tüchtig.» Tatsächlich scheint die Tüchtigkeit augenfällig, ihm selbst wird es trotz den rundum beeindruckenden Leistungen immer ungemütlicher im gemachten Nest. Anfang der 1960er-Jahre setzt in seinem Leben eine Zeit der Brüche und Neuanfänge ein.

Hochziehen oder fallen lassen?

Am 7. Januar 1962 muss Sämi Abschied nehmen von seinem Vater. Hartmann Koechlin verstirbt in seinem 69. Lebensjahr. Papapa habe schon einige Jahre zuvor angefangen «zu kränkeln», schreibt seine Frau Marguerite in ihren Erinnerungen. Carl Koechlin bezeichnet den Verlust des jüngeren Bruders als «einen schmerzlichen Einschnitt in mein Leben». 1962 stellt Sämis Onkel dessen Porträt auf eine Kommode hinter dem grossen Holzsekretär in seinem Büro. Auf der blitzblank aufgeräumten Arbeitsfläche steht nach wie vor ein Foto von Sämis Grossvater Carl Koechlin-Iselin. Das Lebenswerk des Vaters haben Carl und Hartmann Koechlin fortgesetzt, den nun bevorstehenden Generationswechsel bezeichnet CK als seine letzte grosse Aufgabe. Der Patron ist zu diesem Zeitpunkt bereits 73 Jahre alt.

Um 1960 hat sich folgender Satz in den Protokollen der J. R. Geigy AG gehäuft: «Die Anwesenden ehren das Andenken des Verstorbenen durch Erheben von ihren Sitzen.» Ein Generationswechsel scheint nun überfällig: Die Mitglieder der Geschäftsleitung tragen gegen 70 Lebens- und 40 Dienstjahre auf dem Buckel, jene des Verwaltungsrats sitzen meist seit über 20 Jahren im obersten Gremium der Firma. Die Auswahl der neuen Führungsriege versteht Carl Koechlin als Chefsache. Infrage kommen Männer, die sich in der Firma bewährt haben; öffentliche Ämter sind erwünscht, ein hoher Dienstgrad im Militär ebenfalls. Frauen sind vom Auswahlverfahren – wie in vielen Unternehmen noch bis Ende des Jahrhunderts üblich – von vornherein ausgeschlossen. Die neuen Mitglieder des Kaders benötigen letztlich neben Fähigkeiten und Erfahrung das, was die Historikerin Pamela Walker Laird als «Pull»-Faktoren bezeichnet: soziales Kapital, das sie in der Hierarchie «hochzieht». Demnach bildet ein Netzwerk aus zutraulichen Kollegen und einflussreichen Mentoren die Grundvoraussetzung für beruflichen Erfolg. In der Schweiz bezeichnet man das Prinzip des «Hochziehens» als Seilschaften, verpönt ist und bleibt der damit verwandte Begriff Nepotismus.

Bei Geigy spielt die Verwandtschaft in den 1960er-Jahren eine kleinere Rolle als im 19. Jahrhundert, aber der soziale Status wird immer auch mit dem Namen verbunden. Carl Koechlin achtet seit Jahren besonders genau, wie sich seine Neffen in der Firma zurechtfinden. Sie sind im Gegensatz zu seiner eigenen Tochter Jenny Kandidaten für die höchsten Ränge. Kurz nach dem Tod seines Bruders Hartmann Koechlin teilt CK seinen engsten Vertrauten mit, dass dessen Sohn Samuel per 1. Januar 1963 in den Rang eines Direktors befördert werde und «spätestens bis 1964» den Vorsitz des Geschäftsleitenden Ausschusses übernehmen soll. Der Patron hievt seinen Neffen damit in die Rolle eines Kronprinzen.

In der Firma scheint durchaus akzeptiert zu werden, dass Sämi so rasch aufsteigt. Um den Generationswechsel zu planen, bittet Carl Koechlin seinen Neffen, sich gemeinsam mit dem Ökonomen Carlos Ochsner, dem Personalbeauftragten Werner Wegmann und dem Firmenjuristen Ernst Kober Gedanken über die Gestaltung der neuen Führungsspitze zu machen. Die drei Herren sind wesentlich älter als Sämi und ebenfalls für die neue Geschäftsleitung vorgesehen. Die von seinem Onkel geforderten Ideen zur neuen

Geschäftsleitung notiert sich Sämi auf Blockpapier. Es sind fahrige Skizzen, Initialen verraten die Namen von möglichen Führungskräften, den Schlüssel für die Umsetzung des Plans notiert er beinahe unleserlich in seiner flachen Handschrift: «CK wie er ist einzubinden (Änderung seiner Arbeitsweise wünschbar eher aber schwer möglich).» Das von Robert Boehringer festgehaltene Diktum von «CK oder dem lieben Gott» versinnbildlicht vieles, was Sämi Koechlin an der «Arbeitsweise» seines eigenen Onkels stört: das Blossstellen von fehlerhaften Mitarbeitern, die Treue gegenüber seiner loyalen Gefolgschaft, das Festhalten an der eigenen Macht. Sämi will den bewährten Paternalismus durch moderne Führungsmethoden ersetzen, und redet in der Arbeitsgruppe das Management stark. Doch «CK wie er ist einzubinden» – das ist vorerst nötig, denn ohne die Gunst des Onkels hätte die neue Führung um Samuel Koechlin schlicht keinen Rückhalt.

Der Zustand der Firma erscheint Sämi trotz des anhaltenden Wachstums als schockierend. Seiner Arbeitsgruppe berichtet er mit einer Mischung aus Amüsement und Entsetzen davon, wie die Sitzungen in der obersten Geschäftsleitung ablaufen. Seinem Onkel Carl wird nicht widersprochen. Als der Patron Ende 1962 krankheitshalber ausfällt, erscheint Sämi die Geschäftsleitung vollends als eine Farce. Seinen Kollegen in der Arbeitsgruppe teilt er mit, dass die möglichst rasche «Stilllegung des Geschäftsleitenden Ausschusses» absolute Priorität haben müsse. Die drei alten Direktoren sollen bereits am 1. Januar 1963 den neuen Kräften weichen; die «betroffenen Herren werden Mühe haben, sich mit dieser de facto vorzeitigen Pensionierung abzufinden», schreibt Sämi Koechlin seiner Arbeitsgruppe in einem streng geheimen Zirkular.

Sämi ist mit Mitte 30 immer noch ein Heisssporn. Die sprichwörtliche Ungeduld des Leiters der Arbeitsgruppe ist Ernst Kober in Erinnerung geblieben. In der Firma habe sich Sämi Koechlin oft und resolut für Veränderungen eingesetzt – «vielleicht manchmal etwas zu sehr für den Geschmack einzelner Vorgesetzter», wie der Firmenjurist anmerkt. In seiner zielstrebigen Art habe er ihn «manchmal irgendwie an John F. Kennedy erinnert». Ende 1962 scheint Sämi mit seinem jugendhaften Charme nicht mehr weiterzukommen. Sein Onkel will von den Ideen des Nachwuchses nichts wissen und die Mitglieder der Arbeitsgruppe scheinen durch die Aufgabe eingeschüchtert. Einzig der Firmenjurist Kober wagt es, dem künftigen Vorgesetzten Samuel Koechlin einen persönlichen Rat zu geben: «Das Wichtigste scheint mir, dass Sie und CK sehr offen reden», schreibt er Ende 1962. «Wir Basler haben ja etwas Hemmungen, en famille offen zu reden, und sagen Familienmitgliedern die Sachen nicht, die wir Dritten hemmungslos sagen würden.» Die von Kober hervorgehobene Scheu im familiären Umgang kennt Sämi, gegenüber Carl Koechlin wirkt sie immer noch besonders stark. Als er an Weihnachten 1962 endlich wagt, dem Patron einen Brief zu schreiben, scheinen die Hemmungen en famille an jedem Buchstaben zu haften. «Als Dein Neffe», schreibt Sämi, möchte er ihn bitten, «das Problem der Geschäftsleitung in einem weiten Rahmen diskutieren zu dürfen». Der Onkel nehme ihm seine Anfrage hoffentlich «nicht übel». Den verschwindend schmalen Grat zwischen Geschäft und Familie meistert Sämi immer noch nicht. Auf seine ungelenke Bitte antwortet Carl Koechlin nicht nur ausweichend, sondern geradezu kühl. Die Zurückweisung wirkt vielleicht als Provokation, vielleicht als Kränkung, auf jeden Fall hält Sämi die Situation nicht mehr aus. Im neuen Jahr will er die alten Hemmungen en famille ablegen.

Am 7. Januar 1963 gedenkt der Verwaltungsrat mit einer Schweigeminute des ersten Todestags seines Vaters, zwei Tage später vollendet Sämi eine folgenschwere Notiz zuhanden von Carl Koechlin. Ihr Titel: «Gedanken zur Frage der Leitung unserer Firma». Der frisch ernannte Direktor zeichnet dabei das Bild eines drohenden Kollapses. Während der Rekonvaleszenz des Onkels sei die Firma «ein Schiff ohne Steuermann» gewesen, und es sei eine «Tatsache», dass die oberste Führung ohne ihn «keine Entscheidungen trifft, keine Marschroute für die Firmenpolitik absteckt und alles bloss zurückweist oder *rubber-stamped*». Die alten Direktoren beschreibt Sämi Koechlin als teilweise bemüht, aber insgesamt völlig überfordert mit dem internationalen Wachstum. Einer von ihnen hat Flugangst, ein anderer habe seine Funktion darin gesehen, bei einer Geschäftsreise nach Hongkong zehn Tage lang «zu festen», wie Sämi dem Onkel schreibt. «Falls der status quo beigehalten wird», so prophezeit der Neffe, werde die J. R. Geigy AG die kommenden zwei Jahre nicht «ohne Schaden überstehen.»

Den verpönten Begriff Management verwendet Sämi nicht in seinem fünfseitigen Bericht, aber er hat ihn zweifellos im Sinn. Die amerikanische «management revolution» scheint ihm in der Schweiz nach wie vor als Urheber der sogenannten Managerkrankheit missverstanden zu werden. In seinem Bericht deutet Sämi Koechlin an, dass die «Managerkrankheit» nicht zuletzt deshalb auftritt, weil in der Firma anstatt eines professionellen Managements nach wie vor wenige Herren regieren und damit eine unmenschliche Last tragen. Seinem Onkel teilt er mit, dass verschiedene Angestellte in der Führung «Symptome einer nervlichen Überbelastung» zeigen, generell sei «die Moral der Kader» angeschlagen. Um die Zusammenarbeit zu verbessern, müsse die aktuelle Führung dringend «überdenkt» werden.

Die «Gedanken zur Frage der Leitung unserer Firma» sind ein Affront. Sämi lobt zwar pflichtbewusst den «Geigy-Geist» und das «Vorbild» von CK, aber er teilt dem Onkel Anfang 1963 unmissverständlich mit, dass Veränderungen überfällig sind. Mit dem Bericht stellt Sämi die Beziehung zum Onkel auf eine Probe. Vor allem testet er die Grenzen des von Carl Koechlin hochgehaltenen Prinzips der Loyalität. Ein von ihm besonders harsch kritisierter Direktor ist der gleichnamige Sohn von Carl A. Staehlin, um 1910 ein Mentor von CK.

Die Ungeduld des Neffen kann der Patron vielleicht nachvollziehen, denn auch er musste lange hinter alten Herren anstehen, bis er die Position an der Spitze übernehmen konnte. Aber von seinem 36-jährigen Neffen mag sich Carl Koechlin gewiss kein Ultimatum stellen lassen. An den alten Weggefährten hält CK fest, die von Sämi kritisierten Direktoren wird er 1964 als «Vorbild in der Arbeit und im Charakter» bezeichnen und für ihre «Loyalität» und «Hingabe» loben. Die Reaktion auf das Vorpreschen von Sämi ist nicht überliefert, aber für den Patron sind die resoluten Forderungen wohl eine Enttäuschung. «Carl Koechlin hat seine ganze Kraft darauf verwendet, seinen Neffen Samuel zu seinem Nachfolger zu machen», erinnert sich Frank Vischer, der Anfang der 1960er-Jahre zu einem Berater von Geigy wird. Der nun bevorstehende Generationswechsel stellt die Beziehung von Carl und Samuel Koechlin auf die Probe, wobei eine Einschätzung des Juristen bestätigt werden wird: «Sämi war – das möchte ich unterstreichen – ein sehr agiler Geist mit modernen Ideen, mit sehr viel industriellem Verständnis, aber vielleicht war er nicht immer der taktisch klügste Mann.» Das bis anhin gesammelte soziale Kapital scheint Sämi Koechlin in den kommenden Jahren zu verprassen. Nachdem er von seinen Vorfahren hochgezogen wurde, läuft er bald Gefahr, fallen gelassen zu werden.

Kronprinz auf Abwegen

Es ist für alle, die ihn kennen, eine Überraschung, für viele ein Schrecken, als Sämi Koechlin 1963 mitteilt, er wolle sich scheiden lassen. Seine Absicht scheint er mit niemandem diskutiert zu haben. Seine Liebe zu Pat Smythe erst recht nicht. Mit dem Entscheid, die weltbekannte Springreiterin heiraten zu wollen, überrascht er auch seine Frau Christiane. In ihrer Ehe gab es keine lauten Streits und die häufigen Geschäftsreisen von Sämi entsprechen durchaus dem Rollenbild, das man zu dieser Zeit mit einem tüchtigen Familienoberhaupt verbindet.

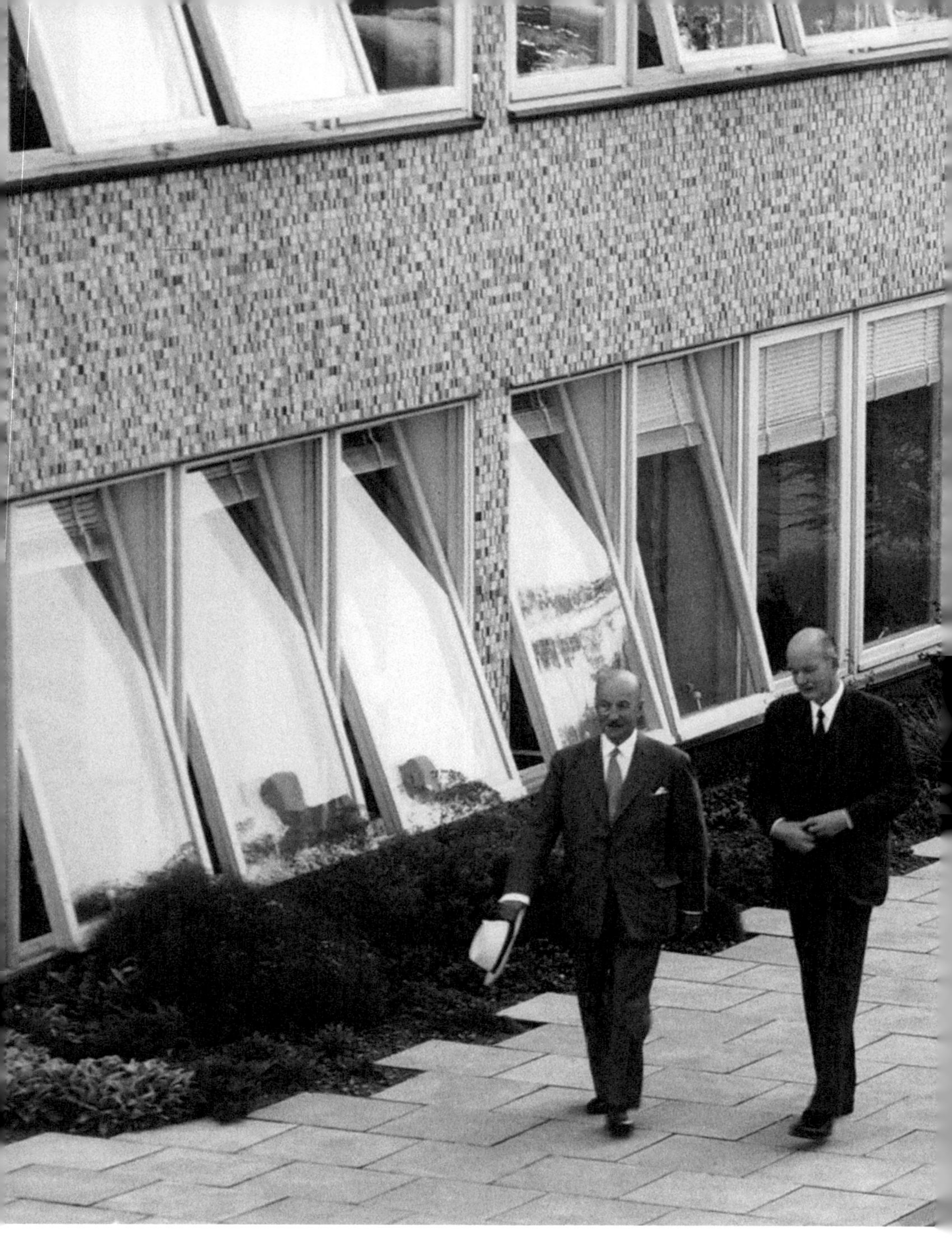

Abb. 12

Carl Koechlin, Ernst Boehringer, Walter Faber (Geigy) und Samuel Koechlin (v. l.) auf dem Firmenareal von Boehringer & Soehne, 1959

Die Scheidungspläne ihres Mannes akzeptiert Christiane. Von Samuel fordert sie, dass er die Situation den Kindern erklärt. Catherine, Sibylle und Dominik sind zwischen vier und acht Jahre alt; gewiss zu jung, um etwas zu verstehen, was die Erwachsenen in ihrem Umfeld kaum nachvollziehen können. Ihr Vater – in der Firma als geradlinig bekannt – bringt keine Erklärung zustande. Seinen Kindern sagt er lediglich, er ziehe für einige Zeit zu Mamama, ihrer Grossmutter.

Die Entrüstung, die Sämi mit seiner Entscheidung insbesondere bei Carl Koechlin auslöst, ist verschiedenen Zeitzeugen in lebhafter Erinnerung geblieben. Als der Onkel von den Gerüchten hört, bittet er Sämis Ehefrau Christiane um ein Gespräch in seinem Büro und Guy Sarasin um ein Treffen in der Privatbank Sarasin, wo Sämis Freund arbeitet. Der Patron fragt sie beide, ob man denn nicht etwas machen könne, um Sämi zur Vernunft zu bringen und damit die Ehe zu retten. Doch für einmal ist CK machtlos. Sein Neffe hat sich den Entscheid abgerungen und zieht sein Vorhaben durch. «Die Scheidung hat der Onkel dem Samuel sehr, sehr übel genommen», erinnert sich Frank Vischer. «Er trug sich sogar mit der Absicht, sich von ihm zu trennen. Ich habe das in einem langen Gespräch mit CK verhindern können. Aber das einst enge Verhältnis mit seinem Onkel, dem Übermann der Geigy, hat sich nie mehr eingestellt.» Die Zeitzeugen erinnern sich an folgendes Fazit des Patrons: «Sämi ist halt doch noch nicht so reif, wie ich es gehofft habe.»

Die Scheidung von Samuel und Christiane Koechlin-Sarasin wird im August 1963 rechtskräftig. Die juristischen Fragen hat Sämis Schwager Verduno Lafranchi relativ rasch regeln können, er ist der zweite Ehemann seiner Schwester Eliot, die sich kurz zuvor von Mario Mylius geschieden hat. Die Tradition der standesgemässen Ehen im Basler Grossbürgertum scheint zu dieser Zeit unter Druck. Während die Scheidungsrate in der Schweiz erst nach 1970, von bis anhin relativ konstanten 12 Prozent ausgehend, auf bis zu 50 Prozent ansteigt, scheiden sich im Patriziat bereits zehn Jahre früher mehrere Paare. Es sind vereinzelte Fälle abseits jeder Statistik, aber in Basel offenbaren die Trennungen gleichwohl jenen Riss zwischen den Generationen, der unter anderem im dramatischen Anstieg der Austritte aus der Evangelisch-Reformierten Kirche Basels belegt ist. Die Scheidung seiner Nichte Eliot von Mario Mylius-Koechlin erschüttert Carl Koechlin weit weniger als jene seines Neffen von Christiane Koechlin-Sarasin. «Mimis» ehemaliger Mann Mario ist zwar der Neffe seines Vorgängers Albert Mylius-Passavant, in der Firma hat der Militäroberst jedoch keine Rolle gespielt, ganz im Gegensatz zu Sämi.

Den Bruch mit den Heiratstraditionen in Basel besiegelt Samuel Koechlin mit der Ankündigung, bereits knapp einen Monat nach der Scheidung wieder heiraten zu wollen. Am 10. September 1963 trauen sich Patrica Smythe und Samuel Koechlin in der Grafschaft Gloucestershire, die Zeremonie folgt am nächsten Tag in der Swiss Church in London. Sämi ist 38 Jahre alt, seine Frau drei Jahre jünger. Am grossen Fest trägt er Frack, Pat ein Kleid mit feinen Spitzen, die sie bei einem Turnier in St. Gallen gewonnen hat. Vor der Kirche erwartet das frisch getraute Ehepaar ein Pferd mit Zylinder auf dem Kopf und weisser Nelke am Halfter – die Blume ist ein Markenzeichen der Braut. In Grossbritannien weiss jedes Kind, dass sich Pat Smythe vor Wettkämpfen eine Nelke ins Knopfloch steckt.

«Everyone wanted to be Pat Smythe», fasst eine Fernsehmoderatorin die Bewunderung für die Springreiterin einmal zusammen, die Autorin Susanna Forrest bezeichnet die zweite Ehefrau von Sämi als den ersten internationalen Superstar der Sportart. Mit ihren Pferdebüchern prägt Pat zudem ein Genre, das insbesondere bei Mädchen überaus populär wird. Pat ist dreifache Britische Sportlerin des Jahres und vierfache Europameisterin, zudem Trägerin des Ehrenranges Officer of the Most Excellent Order of the British Empire. Um dem Medienrummel, den ihre Heirat nach sich zieht, zu

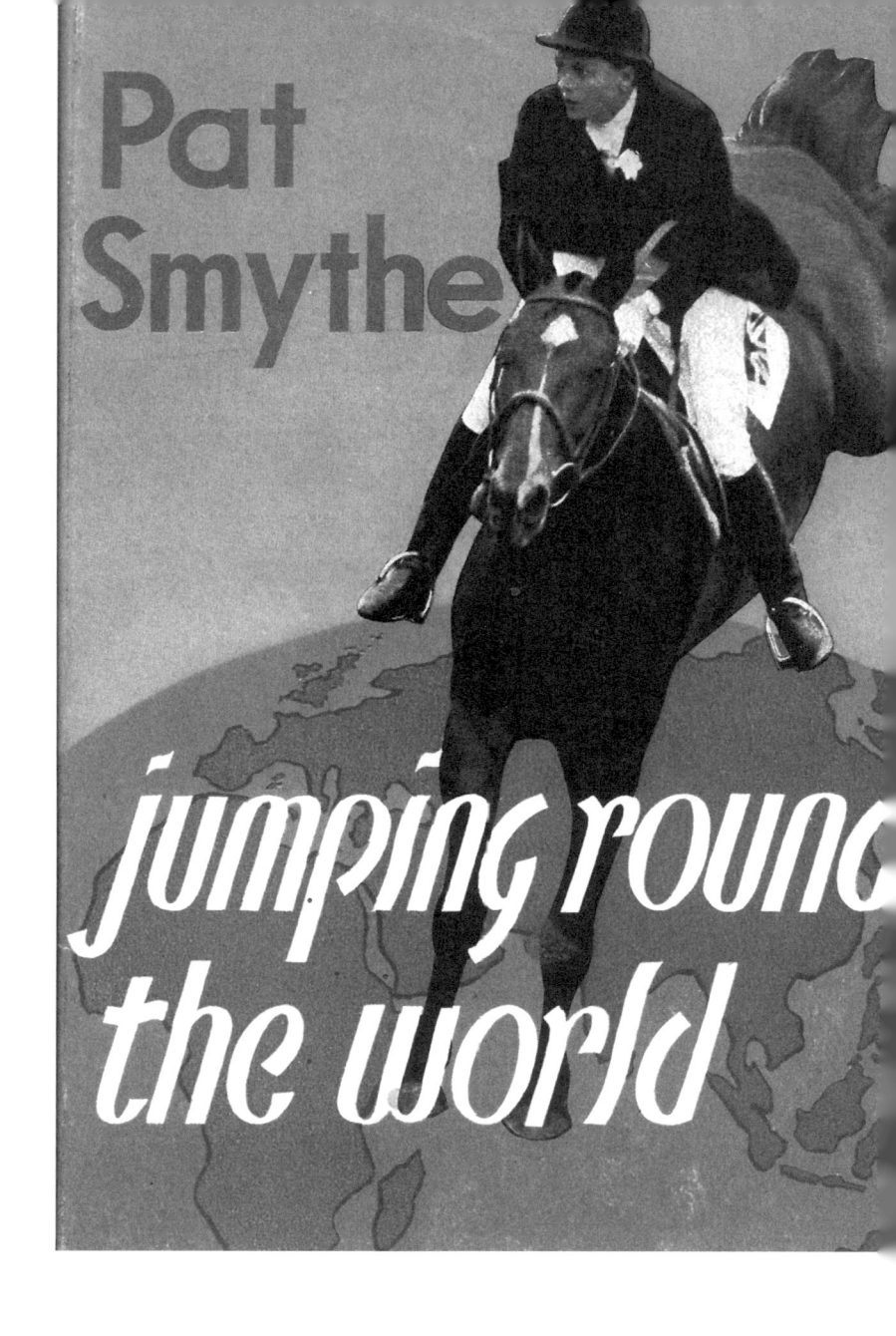

Abb. 13
Buchcover, Pat Smythe, *Jumping around the World*, 1962

entgehen, übernachtet das Brautpaar nach der Hochzeit im Apartment von Lord Beaverbrook – der bekannte Geschäftsmann und Politiker ist ein weiterer Fan von Pat. Die grosse Abwesende bei den Feiern ist Marguerite Koechlin, der Schock der Scheidung sitzt bei Mamama tief. Sie kennt Pat zwar schon seit mehreren Jahren, jedoch nicht als Partnerin ihres Sohnes, sondern als eine Freundin ihrer Tochter Eliot und vor allem als Mitglied der britischen Reitequipe. Die begeisterte Reiterin aus Basel empfängt die Stars jeweils im Ferienhaus am Vierwaldstättersee, wenn in Luzern der Grand Prix stattfindet. Bei diesem Anlass durfte 1956 Pat Smythe ausser Konkurrenz mitmachen – das Resultat war für die teilnehmenden Männer derart peinlich, dass es Sämis Mutter voller Ironie kommentiert haben dürfte: Die Siegertrophäe ging an einen französischen Offizier, obwohl Pat mit Abstand am wenigsten Fehler machte.

Sämi kennt Pat schon lange, er traf sie während des Studiums an der London School of Economics, bei Turnieren und den Sommerspielen 1956 in Stockholm. Nach ihrer Hochzeit wohnen sie vorerst in einem anonymen Wohnblock in Binningen. Die Unterkunft an der Paradiesstrasse 2 ist bescheiden, immerhin liegt der Basler Vorort nahe an der Natur, in welche die Frischvermählten gerne reiten. Wenn immer möglich reist Sämi mit in die Pferdezucht, die Pat in den englischen Cotswolds aufgebaut hat. Auf dem Reiterhof mit der romantischen Steinfassade heisst er wieder Sam wie damals in New York und kultiviert einen dezidiert britischen Habitus. Seinen Ausdruck umschreibt ein Journalist später einmal so: «carefully considered and enunciated with a distinctly British accent between punctuating puffs of his pipe.» Mit der Pfeife, die er ständig raucht, erinnert Sam Koechlin durchaus an einen britischen Gentleman.

Sämi zieht es nach der Scheidung endgültig weg von seiner Heimatstadt. Mit wie viel Unverständnis man dort auf die Trennung einer standesgemässen Ehe reagiert, muss seine erste Frau Christiane erleben. Ihre Situation kommentieren einige der alten Tanten giftig, ihre Mutter vernichtet das Fotoalbum der Familie Koechlin-Sarasin und erklärt, dass man das Vergangene nun hinter sich lassen müsse. Derweil stellt sich ihre ehemalige Schwiegermutter Marguerite Koechlin demonstrativ auf die Seite von Christiane. Kurz nach der Scheidung ihres Sohnes geht Mamama mit Kiki ins Stadttheater, damit *tout Bâle* weiss, dass sie die Mutter ihrer Enkelinnen Catherine und Sibylle und ihres Enkels Dominik nicht fallen lassen wird. Es ist ein glücklicher Umstand, dass Christiane bereits kurz nach ihrer Scheidung den Diplomaten Michael Gelzer kennenlernt und 1964 heiratet. Auch Gelzers erste Ehe wurde geschieden, nach der zweiten Hochzeit ziehen Christiane und ihre drei Kinder zu ihm nach Washington, wo der Stiefvater in der Schweizer Botschaft arbeitet.

Das Old-Boy-Netzwerk

Mit seinen privaten Entscheidungen hat Sämi Koechlin die eigene Stellung in der Firma geschwächt. Er wird nicht, wie von seinem Onkel einst angekündigt, «spätestens bis 1.1.1964» Vorsitzender des Geschäftsleitenden Ausschusses. Es ist eine Lektion und zugleich eine Schmach für den jungen Koechlin, dem bis anhin immer alles so leicht zu fallen schien. Die Pläne seiner Arbeitsgruppe hat der Patron aufgeschoben, den Generationswechsel bespricht CK mit seinen alten Weggefährten. Seine wichtigste Bezugsperson ist der Vizepräsident des Verwaltungsrates Ernst Hockenjos, dessen Kanzlei Kron & Hockenjos in den 1960er-Jahren zu einer bestimmenden Kraft im Unternehmen wird. Koechlin bewundert den Berufsstand der Juristen, mit Hockenjos diskutiert er seit Jahren ein Dilemma, in dem das alte Familienunternehmen steckt: Um das Wachstum zu sichern, muss Geigy neues Kapital aufnehmen, gleichzeitig soll die Firma in Basler Besitz bleiben. Das Unternehmen ist erst seit 1953 an der Börse kotiert, den Schritt von der Basler an die grössere Zürcher Börse wagt der Verwaltungsrat 1961. In der Öffentlichkeit gilt die J. R. Geigy AG weiterhin als verschwiegen, die *Frankfurter Allgemeine Zeitung* höhnt 1963 über den Entscheid, weder Medienvertreter noch ausländische Aktionäre zur Generalversammlung zuzulassen. Im darauffolgenden Jahr führt Geigy als zweites Schweizer Unternehmen nach Landis + Gyr in einem weitum gelobten Schritt die Mitarbeiteraktie ein. Bis Ende der 1960er-Jahre vervielfacht sich die Zahl der Aktionäre auf 15 000, anstatt fremder Investoren halten damit zahlreiche Kleinanleger Anteile am alten Familienunternehmen. Die juristische Planung der Kapitalerhöhung übernehmen Frank Vischer und Louis von Planta aus der Kanzlei von Ernst Hockenjos, in der sie sowie der Firmenjurist Ernst Kober Partner sind. In der neuen Generation der J. R. Geigy AG werden die drei Wirtschaftsjuristen zu wichtigen Figuren – allen voran Louis von Planta.

Es kursiert die Legende, es sei das blitzblank aufgeräumte Arbeitspult Louis von Plantas gewesen, das Carl Koechlin zu folgender Feststellung hingerissen habe: «Ein solcher Mensch hat auch Ordnung im Kopf.» Der Nachfahre des bekannten Bündner Adelsgeschlechts entspricht ganz dem Gusto von CK. Die Familie ist seit Ende des 19. Jahrhunderts in Basel assimiliert, im Militär trägt der Jurist zudem den Dienstgrad eines Majors. Mit Mitte 40 sitzt von Planta bereits in verschiedenen Verwaltungsräten, die tief im Bürgertum verwurzelte Seide Schappe – in der Sämis Vater Hartmann Koechlin einst Vizepräsident war – präsidiert er sogar. Die in den Überlegungen von Carl Koechlin so wichtige Herkunft führt im Fall von Louis von Planta-Ehinger auch zur Familie Geigy. Seine Ehefrau Anne-Marie entstammt nicht nur der bekannten Bankiersfamilie Ehinger, sondern ist die Urenkelin von Johann Rudolf Geigy-Merian und damit Nachfahrin jenes Patrons, der Geigy AG, der Ende des 19. Jahrhunderts die Familie Koechlin an der Firma teilhaben liess. Das Ehepaar von Planta-Ehinger besitzt Geigys Stadthaus Zum Paradies und erhält den alten Familiensitz als einen der wenigen Zeugen der Aesche, die im Zug des «Wirtschaftswunders» brachial umgestaltet wird.

In der J. R. Geigy AG baut Carl Koechlin den vorzüglich vernetzten von Planta fortan zu seinem Nachfolger im Verwaltungsrat auf. Ob der Jurist aus der Kanzlei Kron & Hockenjos dereinst sein Amt als Präsident übernehmen wird, macht der Patron nicht zuletzt von der Zusammenarbeit mit dem Neffen Samuel abhängig. Sämi scheint einen Vorgesetzten zu brauchen, der ihn unterstützt, aber bei allzu ungestümen Ideen auch massregeln kann. Ob das Duo harmoniert, prüft CK ab 1965 in der Praxis. Louis von Planta wird in diesem Jahr Verwaltungsrat, Samuel Koechlin nun endlich Vorsitzender des Geschäftsleitenden Ausschusses. Sämi obliegt damit nach seinem Grossvater, seinem Vater und seinem Onkel die operative Führung des Basler Familienunternehmens.

Neben der Geschäftsleitung trennt sich Carl Koechlin im Laufe der 1960er-Jahre auch von den zahlreichen Ämtern, die er in seiner langen Karriere gesammelt hat. Er verteilt sie an Nachfolger, die ihm für die Zukunft der J. R. Geigy AG vielversprechend scheinen, darunter an Hans Robert Schwarzenbach. Der Nachfahre der Seidenfabrikantendynastie aus Thalwil ist seit 1962 Verwaltungsrat in der Firma, zwei Jahre später erbt er von Koechlin das Präsidium des Vororts des Schweizerischen Handels- und Industrievereins. Wie beim 1917 geborenen Louis von Planta achtet der Patron auch beim vier Jahre älteren Schwarzenbach auf das Verhältnis zu Samuel Koechlin. Wie gut sich sein Neffe und Schwarzenbach kennen, ist dem pferdebegeisterten CK sehr wohl bewusst. Beide sind an Olympia geritten, Schwarzenbach gewann dabei sogar Silber, Sämi nennt seinen Freund «Hasy» einmal den besten Military-Reiter des Landes. Welche Rolle der Sport als sozialer Treffpunkt der nationalen Machtzirkel gespielt haben mag, fand bis anhin keine Beachtung in den Analysen von Soziologen und Historikern, die in ihren Studien Wirtschaft und Militär als wichtige Begegnungszonen der Schweizer Elite hervorheben. Bei Geigy werden die beiden Spitzenreiter Schwarzenbach und Koechlin zu engen Verbündeten.

Im Umfeld von Sämi mag es so wirken, als ob Carl Koechlin den Neffen nach der Scheidung von 1963 gezielt abstraft, indem er ihm im Verwaltungsrat Männer wie Schwarzenbach und Louis von Planta vorzieht. Doch Sämi wäre mit Ende 30 nicht nur überaus jung für einen Sitz im höchsten Geschäftsgremium, sondern war von Carl Koechlin vorerst als Geschäftsleiter vorgesehen. Um den unerfahrenen Neffen auf spätere Aufgaben vorzubereiten, vererbt ihm der Onkel 1965 das Mandat bei den Bâloise Versicherungen, wo im gleichen Jahr auch Sämis Freund Guy Sarasin in den Verwaltungsrat gewählt wird. Vier Jahre später wird Sämi Koechlin zudem Verwaltungsrat der Schweizerischen Kreditanstalt (SKA), in der er 1951 ein Praktikum absolviert hatte. Es ist ein gewichtiges Amt innerhalb der Schweizer Wirtschaft, die Grossbank befindet sich auf Expansionskurs. Bei der SKA folgt Sämi auf Ernst Hockenjos, der enge Vertraute Carl Koechlins tritt 1969 aus der traditionellerweise mit Geigy verknüpften Bank zurück.

Die von Carl Koechlin und Ernst Hockenjos vollzogene Weitergabe von Mandaten ist in der Schweiz Usus, der Historiker Martin Lüpold zeichnet nach, wie in sich geschlossen die «Festung Schweiz» in den 1960er-Jahren ist. Mit seinen beiden Verwaltungsratsmandaten findet Sämi Koechlin Zutritt in den engen Zirkel der Wirtschaftselite, die in der Schweiz einem Old-Boy-Network gleicht. Deren Dinners und Galas meidet er indes so gut es nur geht, formelle Anlässe sind ihm ein Gräuel.

Rückzug auf das Land

Den Weg nach Basel legt der neue Geschäftsleiter von Geigy in einem VW Käfer Cabrio zurück, das Stammhaus betritt er jeweils kurz vor halb acht. Man riecht bereits im Gang, ob der pfeifenrauchende Chef im Büro ist. Bevor er sich auf den Arbeitsweg macht, reitet Sämi durch die Morgendämmerung um das Bauerndorf Burg im Leimental. Dort haben sich er und Pat 1965 niedergelassen. Auf den gut 7 Hektaren Land plant

Sämis Cousin Martin Burckhardt einen Reiterhof. Zehn Jahre nach seinen Entwürfen für das Einfamilienhaus in Riehen setzt der Architekt ein modernistisches Ensemble mit Natursteinfassade und Pultdächern um. Ihren Umzug verkündet das Ehepaar mit einer Karte, die der befreundete Cartoonist Jürg Spahr alias Jüsp für sie zeichnet. Die neue Adresse lautet «Pat & Sam Koechlin-Smythe, Im Steinacker, 4149 Burg i. L. (BE)». Das Dörfchen, das heute nicht mehr dem Kanton Bern, sondern Basel-Landschaft angehört, ist auf der Karte humoristisch illustriert, an seinem westlichen Ende liegt des Ziel der Wegbeschreibung – der Steinacker. Am Eingang des Hofs steht ein lachendes Pferd.

  Das idyllische Zuhause wird im April 1967 im britischen Magazin *Woman and Home* vorgestellt. Der Artikel ist Pat Smythe gewidmet. Sie wird in diesem Jahr als erste Frau zum Captain der britischen Reitequipe berufen, der Journalist nennt sie immer noch «most famed of show-jumpers», obwohl Pat verletzungsbedingt als Springreiterin zurücktreten musste. In der Homestory steht, ihr Mann sei im Büro, anwesend sind dafür seine Kinder aus erster Ehe. Ein Bild zeigt Catherine, Sibylle und Dominik mit der kleinen Monica Patricia Koechlin. Die erste Tochter von Pat und Sam ist am 25. März 1966 zur Welt gekommen. Die Geschwister leben nicht mehr in Washington, sondern in Bern, wo ihr Stiefvater Michael Gelzer für den Bund arbeitet und später als Botschafter nach Bonn entsendet wird. Der Kontakt zwischen ihrer Mutter Christiane und ihrem Vater Samuel ist respektvoll, einmal pro Monat verbringen sie ein Wochenende bei «Babbe», in den Schulferien sind sie regelmässig auf dem britischen Reithof oder in der Ferienwohnung in Wengen. Selbst ein begeisterter und zügiger Skifahrer, nimmt Sämi seine Kinder später auf eine Tour durch die Lötschenlücke mit.

  Am 8. Februar 1968 kommt das fünfte und letzte Kind von Sämi zur Welt: Das Mädchen heisst Lucy Françoise, nach ihrer Geburt entscheiden sich ihre Eltern, den dritten Namen Marguerite anzufügen. Es ist eine Geste an Mamama.

Abb. 14

Pat, Lucy, Sibylle, Samuel, Dominik, Catherine und Monica Koechlin (v. l.), 1968

Die Scheidung und die so kurz darauf erfolgte zweite Hochzeit hat Sämis Mutter bald verziehen. Mit ihrer neuen Schwiegertochter teilt sie neben der Liebe zu den Pferden ein Faible für den trockenen britischen Humor. Für ihre jeweilige Zeit sind Mamama und Pat emanzipierte Frauen. Dass sie in der Schweiz bis 1971 kein Stimmrecht haben, findet Sämi lächerlich. In der Firma setzt er sich dafür ein, dass Frauen verantwortungsvollere Berufe ausfüllen können als bis anhin.

  Im Steinacker kommt Mamama jeweils sonntags angebraust, das gemeinsame Mittagessen in Burg wird ebenso zu einem Ritual wie die Runde, die sie im Pub springen lässt, wenn sie den Hof im englischen Sudgrove besucht. Auf seinen Anwesen pflegt Sämi Koechlin eine legere Erscheinung, mit den geflickten Hosen und seiner an den Haaransatz gezogenen Wollmütze gliche er einem Clochard, wäre da nicht eine Souplesse, die er auf Fotos aus privaten Sammlungen ausstrahlt. «Alles Pathetische war ihm fremd», sagt Martin Burckhardt trefflich. Als der Architekt den von ihm geplanten Steinacker erstmals besucht, ist er bestürzt über die eher hemdsärmelige Einrichtung des modernen Baus.

  Die Beziehung zu Burckhardt ist eine der engen Freundschaften, die Sämi aufmerksam pflegt. Mit seinen Freunden verbindet ihn nicht zuletzt die Freude an Spässen. Seinem Cousin Gilgian Ryhiner schickt er einmal einen sorgfältig gefälschten Brief, in dem er ihm den Besuch eines ungeliebten Vetters ankündigt. Man muss sich Sämi mit einem zufriedenen Grinsen vorstellen, als sich «Gilgi» lauthals darüber beklagt, dass der schwatzhafte Vetter gleich mehrere Tage bleiben möchte. Auf dem Steinacker organisiert Sämi rauschende Feste, im Winter schabt er Raclettekäse für seine Gäste und schenkt Weisswein nach. Er ist ein treuer Freund, mit Willi Bosshard, Lukas «Cheese» Burckhardt, Bernhard Hartmann, Benjamin Höfflin, Hans Ulrich Schweizer, Niklaus Hodel sowie den alten Schulfreunden Guy Sarasin und Jimmy Wirth trifft er sich alle zwei Wochen zum Aperitif, sofern er in der Stadt ist.

Mit seiner Heimatstadt ist Sämi Koechlin über die Arbeit sowie Familie und Freunde weiterhin verbunden, der Hof in Burg ist für ihn ein Refugium. Der Steinacker grenzt direkt ans Elsass, dorthin reitet der Geschäftsmann besonders gerne aus. Die ländliche Idylle und der tiefe Steuersatz haben in jüngster Zeit verschiedene Zuzügler aus der «Basler Chemischen» nach Burg gelockt, am höchsten Punkt der Gemeinde wohnt der Sandoz-Forscher Albert Hofmann, Entdecker der psychedelischen Wirkung von Lysergsäurediethylamid – kurz: LSD. Im symbolträchtigen Jahr 1968 bereits weitum verboten, hat sich die einst von Sandoz vertriebene Substanz zu einem Kulturphänomen entwickelt. Von den Beatles über Jimi Hendrix bis Aldous Huxley – die Konsumenten berichten von einer Erweiterung des Bewusstseins durch Hofmanns Entdeckung.

Während LSD zum Kult wird, gerät die alte Gesellschaftsordnung in der zweiten Hälfte der 1960er-Jahre endgültig unter Druck. Wie sehr dabei auch die Industrie kritisiert wird, erfährt Sämi bereits 1962 mit der Publikation von *Silent Spring*. Im Bestseller von Rachel Carson werden die von Geigy erfolgreich vertriebenen Pestizide und Herbizide nicht mehr als Segen, sondern als Gift für die Umwelt dargestellt. Unter Beschuss kommt insbesondere die in Basel entdeckte Anwendung von DDT. In den folgenden Jahren wird das 1948 mit dem Nobelpreis ausgezeichnete Mittel in zahlreichen Ländern verboten. Während Geigy die wirtschaftlichen Einbussen durch neue Agrarchemikalien kompensieren kann, bleibt für die gesamte Branche ein Imageschaden.

Die Umweltsorgen sind nur ein Argument, das immer mehr Jugendliche gegen die ältere Generation ins Feld führten. «Your sons and your daughters are beyond your command», teilt Bob Dylan den Eltern mit, die Rolling Stones bespotten die Beruhigungsmittel der Erwachsenen als «Mother's Little Helpers». Mit den tatsächlich besonders häufig an Hausfrauen verschriebenen Benzodiazepinen gelingt dem Konkurrenten Roche zu dieser Zeit ein Coup; das von der britischen Rockband besungene Valium ist ein massgeblicher Grund, dass der Umsatz von Roche nach jenem von Geigy bald auch Ciba einholt.

Sämi hört zwar nicht die Musik der Jugend, aber die gesellschaftlichen Umwälzungen verfolgt er um 1968 mit grossem Interesse. Als Geschäftsleiter von Geigy erwähnt er die Studentenrevolten in verschiedenen Reden. Es handle sich nicht einfach um einen «natürlichen Generationskonflikt», sagt er an einer Generalversammlung. Um die unzufriedene Jugend zu verstehen, müsse man ihre Klagen ernst nehmen, vielleicht habe sie in gewissen Punkten auch recht. Die antiautoritäre Einstellung der Jugend erinnere ihn an das biblische Gleichnis des «prodigal son». Vielleicht denkt er beim Verweis auf den «verlorenen Sohn» auch an seine eigenen Rebellionen.

Management-Revolution in der Schweiz

Seit er die Geschäftsleitung übernommen hat, präsentiert sich Sämi in den Medien als einen neuen Typus des Unternehmers. Auf den offiziellen Porträts wirkt er wie ein amerikanischer Manager: frisch rasiert, die gewellten Haare streng nach hinten gekämmt, stechend scharf der Blick. Den Geschäftsleitenden Ausschuss besetzt er 1965 so, wie seine Arbeitsgruppe es vor drei Jahren geplant hatte. Im obersten Kader fehlen die Nachfahren aus patrizischen Basler Familien weitgehend, Sämis Vetter oder sein Bruder Hartmann P. Koechlin sind nicht Mitglied der Geschäftsleitung. Deren Vorsitzender ist das einzige Mitglied mit einem Nachnamen, der eine Verbindung zum Basler «Daig» nahelegt.

Das von ihm geleitete Geschäft beruhe weniger auf «Hierarchie und Unterordnung als auf sachlicher und kameradschaftlicher Zusammenarbeit», verkündet Koechlin an der Generalversammlung 1966. Der Paternalismus vergangener Tage solle nun modernen Führungsmethoden weichen, denn Geigy sei auf dem Weg, «ein wirklich grosses Unternehmen zu werden – gross nicht nur für Schweizer Begriffe, sondern auch gemessen an der internationalen Skala». Es ist ein neuer Ton, den der junge Koechlin in Interviews, Vorträgen und Mitarbeitermitteilungen anschlägt. Geigy und andere Schweizer Konzerne drohten schlicht abgehängt zu werden, erklärt er immer wieder, die Industrie müsse dringend weg von «autoritären Strukturen», also «auch von Standes- und Bildungsvorteilen» und von «patriarchalischen Auffassungen». Zwischen Europa und der übermächtig scheinenden Wirtschaft der USA klaffe schliesslich nicht der viel beschworene «industrial gap», sondern ein «management gap». Entgegen der weitläufigen Meinung, amerikanische Firmen seien durch technische Innovation und leistungsstarke Fabriken in andere Dimensionen entrückt, betont Koechlin die Unterschiede in der Führung. Es seien letztlich Fragen der Zusammenarbeit, die einen «Graben» aufreissen zwischen der Wirtschaft Amerikas und Europas: kurzum den «management gap».

In der Öffentlichkeit ist es eine Überraschung, dass sich ausgerechnet die J. R. Geigy AG zu einer Schweizer Pionierin des Managements entwickelt. Den von Patron Carl Koechlin im Geheimen geplanten Generationswechsel kommentiert die *National-Zeitung* 1965 zunächst bissig: «Es bleibt der herrschenden Gruppe unbenommen, ihre Leute zu portieren. Doch sollte man es offen sagen. Ausserdem werden dadurch die Beteuerungen, es handle sich bei Geigy nicht mehr um ein Familienunternehmen, kaum glaubhafter.» Das Bild der verschwiegenen Firma des Basler «Daigs» scheint nach aussen nicht nur durch den neuen Geschäftsleiter Samuel Koechlin bestätigt, sondern drückt sich vor allem im Verwaltungsrat aus. Die neuen Kräfte heissen Louis von Planta, Johann Jakob Vischer, Albert Riedweg; Erstere sind mit der Familie Geigy verwandt, Letzterer der Schwiegersohn von Carl Koechlin. Doch entgegen den Befürchtungen der *National-Zeitung* wandelt sich das traditionsreiche Unternehmen binnen wenigen Jahren augenscheinlich. Die *Schweizerische*

Finanz-Zeitung schreibt 1968, Geigy habe den «Schritt von den geheimen Kemenaten der Familienpolitik zum offenen Hof einer Grossunternehmung internationalen Zuschnitts» vollzogen, noch pointierter kommentiert die *Gazette de Lausanne* den neuen Stil: Unter Samuel Koechlin mache die Konzernleitung den Eindruck «von Dynamik, von Kohäsion, von Einheit; in einem Wort, von exzellentem ‹Management›».

Um seine Position zu bezeichnen, verzichtet Sämi auf das in Mode kommende Kürzel CEO (Chief Executive Officer) und selbst den Begriff Management verwendet er kaum in seinen Voten. Einerseits weiss der Geschäftsleiter gewiss um die Abwehrreflexe, die der Anglizismus in der Schweiz auszulösen vermag, anderseits erscheint ihm Management mitunter als ein Passepartout, der oft nicht richtig sitzt und dadurch das Falsche hervorhebt. «Wir wollen keinen Drill zu Manager-Automaten», präzisiert er 1968 in einem Interview, «sondern eine Erziehung zu denkenden Menschen.» Was er selbst unter Management versteht, geht massgeblich auf die Bücher von Peter F. Drucker zurück. Vom amerikanischen Ökonomen übernimmt Koechlin unter anderem das Konzept des «leading by objectives» – das «Führen durch Zielsetzungen». Bei Geigy hält er seine Angestellten dazu an, fortlaufend neue Ziele zu formulieren und diese gemeinsam zu diskutieren. «Bürokratismus», «innere Abnützung» und «andere Lasten der Arbeit» würden schliesslich immer dort auftreten, «wo keine Ziele gesetzt sind, keine Entscheidungen gefällt werden», schreibt er in der Werkzeitung von Geigy. Wie in den Büchern von Drucker festgehalten, setzt Samuel Koechlin in seinen eigenen Jahreszielen immer die Steigerung des Profits an die erste Stelle. Die kapitalistische Maxime steht gewiss konträr zur Gesinnung der 68er, aber wie sehr er die Skepsis der Jungen gegenüber den alten Hierarchien teilt, drückt der Geschäftsleiter in diesen Jahren des Umbruchs wiederholt und durchaus dezidiert aus.

Seine Ideen bespricht Sämi mit dem gleichaltrigen und damit jungen Professor Wilhelm Hill, der 1965 das Betriebswirtschaftliche Institut an der Universität Basel gründet. In ihren Gesprächen fällt wohl kein Begriff häufiger als «Partizipation»; Hill stellt ihn in das Zentrum seiner in der Schweiz Schule machenden Management-Bücher, für Koechlin bedeutet «Partizipation» den praktischen Schlüssel zu einer modernen Unternehmensführung. Es steht für den Geschäftsleiter von Geigy ausser Frage, dass die Komplexität einer zunehmend globalen und scheinbar endlos wachsenden Wirtschaft nur durch eine systematisch zusammenarbeitende Gruppe von Managern bewältigt werden kann. «Unternehmensführung», erklärt er an einer Generalversammlung, «ist heute ein Beruf, der gelernt sein will.» Als seine vielleicht wichtigste Aufgabe versteht er es, für den Konzern genügend Leute zu finden, die Fähigkeiten in Administration, Organisation und Analyse mitbringen – also idealerweise einen Master in Business Administration (MBA). Es wird ihn noch lange ärgern, wie wenig Akzeptanz junge Manager im eigenen Konzern haben. Einmal schreibt er der Personalabteilung: «Diesen MBA's brennt's unter den Nägeln – sie wollen arbeiten und nicht ‹rotieren› (wie ein Güggeli am Spiess).»

Wenn Koechlin von «Unternehmensführung» als «Beruf» spricht, hat er eine spezifische Arbeitsweise im Sinn. «Er suchte keinen Buchhalter, er suchte niemanden für Recherchen», erinnert sich sein einstiger Assistent Doug Watson, «er suchte nach einer Erweiterung seines Gehirns.» Mit der Förderung von jungen Managern wie Watson wendet sich Koechlin gegen die alte Annahme, ein Fachmann – sei es ein Kaufmann, ein Chemiker oder ein Jurist – könne mit zunehmendem Alter und Erfahrung jede Führungsaufgabe übernehmen. Als Geschäftsleiter will er Kader, die in den stetig wachsenden Büroabteilungen aktiv mitdenken; ein Manager soll schliesslich nicht einfach Aufgaben bewältigen, sondern an der Führung «partizipieren».

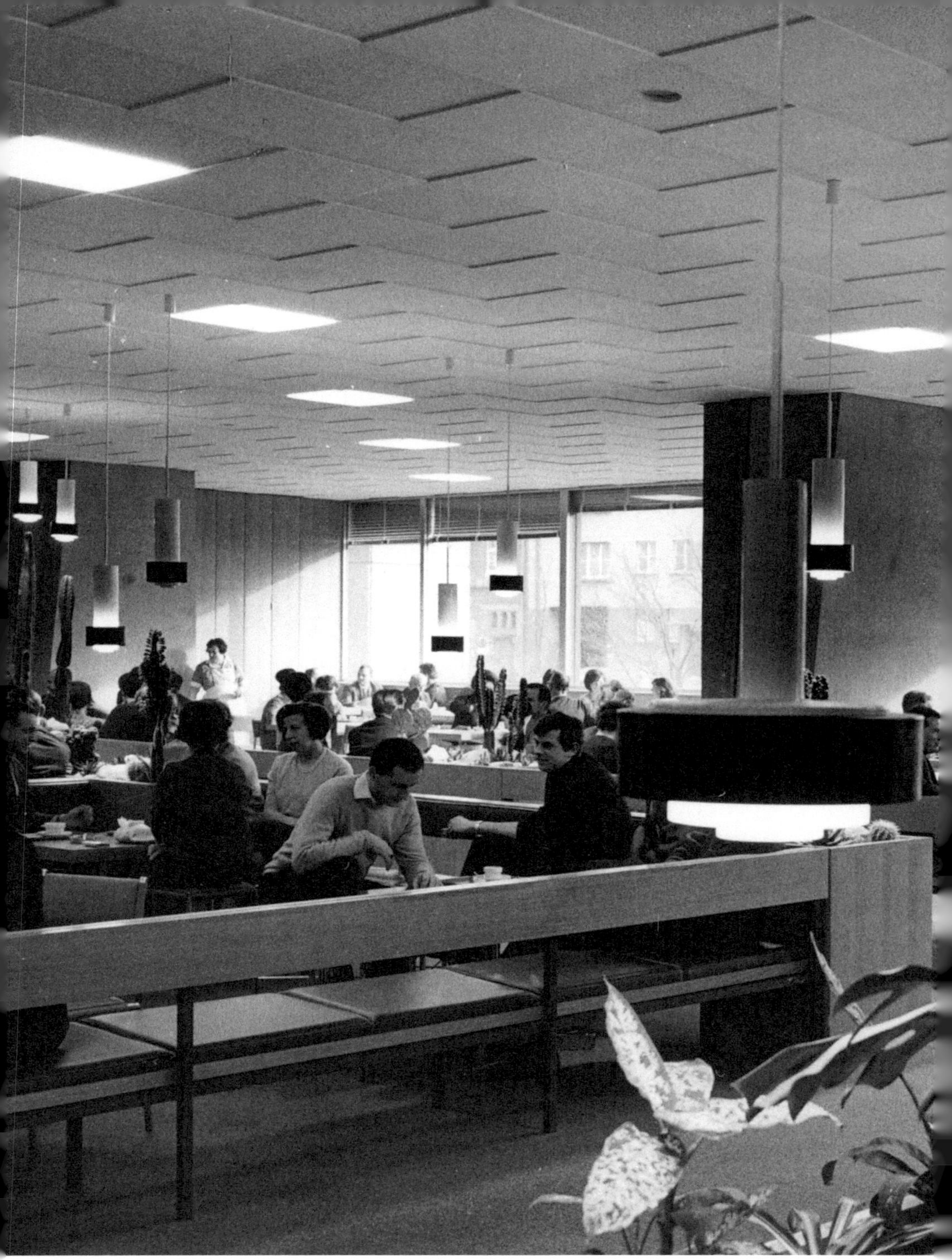

Abb. 15
Café im Personalrestaurant von Geigy,
Burckhardt Architekten, 1967

Um seine Ziele zu versinnbildlichen, sucht der Leiter von Geigy nach eingängigen Bildern. Seine Kader lädt er einmal an eine Aufführung des Circus Knie ein – nach dem anschliessenden Essen nimmt er sie noch einmal mit zum Zelt, um zu zeigen, wie schnell man etwas aufräumen kann, wenn man «partizipativ» zusammenarbeitet. Noch deutlicher äussert sich die Absicht eines neuen Stils in der Rede, die Sämi Koechlin 1967 zur Eröffnung des neuen Mitarbeiterrestaurants hält. Die Esszimmer seien nicht mehr länger nach Status und Beruf voneinander getrennt, durch das weitgehende Fehlen von Wänden soll die «Unterscheidung zwischen Arbeitern, Angestellten, Vorgesetzten und Untergebenen» wegfallen, wie der Vorsitzende des Geschäftsleitenden Ausschusses erklärt. In der Kantine sollen nicht nur täglich bis zu 3000 Mitarbeiter gemeinsam essen, sondern über die Hierarchien hinweg Kontakte knüpfen können. Der Konzern wolle mit dem Mitarbeiterrestaurant – das einmal mehr Sämis Cousin Martin Burckhardt geplant hat – der «Anonymität entgegenwirken», erklärt Koechlin bei der Medienpräsentation.

Während der Geschäftsleiter immer wieder simple Beispiele für seine Ideen sucht, erreicht die Auseinandersetzung mit Fragen der Unternehmensführung einen erstaunlichen Abstraktionsgrad bei Geigy. In einem Aufsatz zur Unternehmensführung zitiert Carl Eugster, der Leiter des Stabs «Konzern-Entwicklung», von Friedrich Nietzsche bis Marshall McLuhan und erklärt Soziologie und Psychologie, aber auch Mathematik und Kybernetik als relevante Felder für die Betriebswirtschaft. Die vom modernen Management erhoffte Steigerung der Effizienz versinnbildlichen die Computer, die zu dieser Zeit bei Geigy Einzug halten. Der Name der riesenhaften Kisten ist Programm: Management Information System (MIS). Während die Computer weitum als potenzielle Jobvernichtungsmaschinen gefürchtet werden, hält Koechlin das MIS für einen echten Fortschritt. Im Unternehmen fördert er die Systematisierung der früher von Patrons verteilten Arbeitsaufgaben. Die Kompetenzen werden fortan in «job descriptions» festgehalten, Pläne durchlaufen ein systematisches «challenging», Arbeitsgruppen folgen einem Modus Operandi. Besonderen Wert legt Koechlin auf die periodische Mitarbeiterbeurteilung, bei der auch er sich bewerten lässt. Seine Maximen wie persönliche Zielsetzung und systematische Planung entspringen dem Fortschrittsglauben der Nachkriegsjahre. Koechlin erklärt an einer Generalversammlung, die neuen Methoden des Managements würden dabei helfen, die «Zukunft beherrschbarer» zu machen, im Rahmen einer Veranstaltung des Basler Forschungsinstituts Prognos erklärt er, Geigy wolle den «visionären Raum frei machen».

1967 wagt Geigy tatsächlich einen für die Schweizer Wirtschaft visionären Schritt. Um den Ideen modernen Managements zum Durchbruch zu verhelfen, stellt der Geschäftsleiter kurzum das gesamte Jahr in das «Zeichen der Neuorganisation». Wie sein Onkel Carl sucht auch Samuel Koechlin das Gespräch mit externen Beratern, um die aktuellen Probleme zu analysieren. Während der Patron in erster Linie Juristen wie Ernst Hockenjos oder Fritz von Steiger sowie bekannte Ökonomen wie Robert Boehringer und Edgar Salin zu Rate zog, sucht sein Neffe Lösungen in der internationalen Welt des Managements, namentlich bei der Beratungsfirma McKinsey & Company. Für die Neuorganisation setzt Sämi Koechlin nicht auf den 1961 eröffneten Schweizer Ableger, sondern auf die Geschäftszentralen in New York und London, die bereits kleinere Projekte für Geigy umgesetzt haben.

Mit McKinsey sei eine ganz neue Art von Beratern beigezogen worden, erinnert sich Hans-Peter Schär, der in den 1960er-Jahren Mitglied des mittleren Kaders und später der Geschäftsleitung war. «Das war keine Einzelmaske», erklärt er, «sondern ein ganzer Apparat von internationalen Experten, darunter Schweizer, Engländer, Holländer, Amerikaner.» Die externen Berater hätten jeweils den Auftrag eines «change management» erhalten, damit sei die Absicht verbunden gewesen, «die Sache mal wieder etwas durchzuschütteln».

Die von Samuel Koechlin geleitete Neuorganisation schüttelt Geigy nicht nur etwas durch, sondern ist ein radikaler Schritt. In der Führung sei die Restrukturierung mitunter als «die wichtigste und nützlichste Entscheidung seit der Gründung des Unternehmens» bezeichnet worden, schreibt die Wirtschaftshistorikerin Susanne Hilger. Die Begeisterung ist indes nicht ungeteilt. In der Schweizer Presse wird die Restrukturierung mitunter als «komfortable Wachstumskrise» belächelt, intern führt die aktive Rolle der ausländischen Berater zu Kalauern wie diesem: «Hast du ein Problem? Frag McKinsey!» Die Befürchtung, die Basler Firma werde «McKinseyd», findet zumindest in der neuen Struktur von Geigy eine Entsprechung. Das im Januar 1968 in Kraft tretende Organigramm folgt dem Ideal der Dezentralisierung, das McKinsey auch in anderen führenden Chemieunternehmen wie DuPont oder BASF umgesetzt hat. Im Fall von Geigy gliedert sich das Geschäft in fünf Sparten (Farbstoffe, Industrie-Chemikalien, Pharma, Agro-Chemikalien, Markenartikel), fünf Regionen (USA, UK, Europa, Übersee sowie die restlichen Märkte im Nahen Osten, Osteuropa und Afrika) sowie sechs Funktionen (Forschung, Produktion, Finanz, Recht, Personal, Werbung). Die Systematisierung erklärt Samuel Koechlin in einem Interview als eine Annäherung an den angelsächsischen Raum, dort sei es im Vergleich zur Schweiz klar, dass die folgende Maxime gelte: «Der Titel sollte die Funktion erkennen lassen und nicht den Rang.» Die Unterscheidung hebt die Funktion über den Rang, die Partizipation über die Hierarchie, das Management über den Paternalismus.

McKinsey wird in den folgenden Jahren verschiedene Schweizer Unternehmen beraten, in der Basler Chemie legen die externen Gutachter dabei immer wieder «organisatorischen Wildwuchs schonungslos offen», wie der Historiker Tobias Studer schreibt. Für Sämi Koechlin legitimieren die Mahnungen der Wirtschaftsexperten den ersehnten Umbruch. Zu einem seiner engsten Vertrauten bei McKinsey wird der Brite Henry Strage, mit dem er die komplexen Organigramme stundenlang bespricht. Das Verhältnis zu Strage ist bald so freundschaftlich, dass der Geschäftsleiter den Briten zu sich nach Burg einlädt, wenn sich dieser in Basel aufhält. «Sam interessierte sich für die Ideen von Denkern, die man heute als ‹Management-Gurus› bezeichnen würde», erinnert sich Strage. «Ich hatte den Eindruck, dass er nicht so sehr an ihren Schlussfolgerungen interessiert war, sondern den gedanklichen Prozess verstehen wollte, den die ‹Gurus› vollzogen, um zu ihren Schlussfolgerungen zu kommen.» Letztlich habe sein Freund das Ziel verfolgt, «das Unternehmen in das 21. Jahrhundert zu führen».

Alte Firma sucht neue Dimension

Seit Samuel das Geschäft leitet, hält sich Carl Koechlin zumindest vordergründig aus dem Unternehmen zurück. Obwohl sich das Verhältnis zwischen Onkel und Neffen seit der Scheidung merklich abgekühlt hat, geben sich die beiden im Geschäft keine Blösse. Treffen sie sich an Sitzungen, wirkt das Verhältnis auf Zeitzeugen «sehr gut». Doch im Kreis der Familie erinnert man sich daran, wie rasend es Sämi jeweils machte, wenn ihm Verwandte erzählen, was «Unggle Carli» von dieser und jener Entwicklung «im Gschäft» halte. Trotz der kritischen Kommentare ist der Onkel insgesamt zufrieden mit der Entwicklung unter Samuel Koechlin. Seit der Stabsübergabe an den Neffen hat der Umsatz nochmals kräftig zugenommen, 1967 bricht Geigy erstmals die Grenze von 2 Milliarden Franken und überholt gleichzeitig den langjährigen Primus Ciba. In der Presse ist die Rede von einem «Wunder Geigy».

Mit besonderer Genugtuung nimmt Carl Koechlin zur Kenntnis, dass Sämi hervorragend mit Louis von Planta zu harmonieren scheint. Der Verwaltungsrat übernimmt eine aktive Rolle bei der Neuorganisation des Konzerns und wird 1967 zum Vizepräsidenten ernannt, ein Jahr später übergibt

Carl Koechlin das Amt des Verwaltungsratspräsidenten an Louis von Planta. Nach dem Abschluss des Generationswechsels lassen die Lebenskräfte von Sämis Onkel nach. Am 10. Juni 1969 hängen die Fahnen bei Geigy schliesslich auf Halbmast, die Zeitungen würdigen in den kommenden Tagen «den eigentlichen Vater der J. R. Geigy AG», Carl Koechlin - «eine der grossen Gestalten der schweizerischen Wirtschaft unseres Jahrhunderts». In der Karriere von Sämi war CK bald der grosse Förderer, bald der übermächtige Widersacher, die Zügel mochte der Onkel nie ablegen.

In der Trauerrede im Basler Münster beschreibt Louis von Planta den Ehrenpräsidenten von Geigy als ehrerbietenden Patron – der Verstorbene sei «kein Manager der modernen Zeit» gewesen. Carl Koechlin schenkte von Planta in den letzten Jahren seines Lebens sein ganzes Vertrauen. Sämi schätzt seinen neuen Vorgesetzten. In einer Geburtstagskarte bezeichnet er ihn einmal als «man for all seasons». Er sei dankbar, schreibt der Geschäftsleiter, dass der Jubilar «nicht als würdiger Herr Verwaltungsratspräsident in irgendeiner Geheimratssphäre schwebt». Das Verhältnis der beiden Männer ist nie innig, dafür geprägt von gegenseitigem Respekt. Louis von Planta unterstützt die progressiven Pläne von Sämi Koechlin im Verwaltungsrat, während der Geschäftsleiter die aktive Mitarbeit des Präsidenten akzeptiert. Bei Geigy ersetzen die Initialen LvP und SK Ende der 1960er-Jahre die Strahlkraft des bekannten CK.

Im Verwaltungsrat hat Sämi nicht nur Rückendeckung von Louis von Planta, sondern auch von seinen Freunden Frank Vischer und Hans Schwarzenbach; Ersterer wird 1969 Verwaltungsrat, Letzterer ein Jahr zuvor Vizepräsident. Die Juristen Schwarzenbach, Vischer und von Planta sind Ende der 1960er-Jahre an verschiedenen der gehäuft auftretenden Firmenfusionen in der Schweiz beteiligt. An der Generalversammlung 1967 legt Sämi Koechlin der Öffentlichkeit erstmals dar, dass man sich im alten Unternehmen durchaus mit dem gegenwärtigen Trend der Fusionen auseinandersetzt. Gerade in der

Chemie- und Pharmabranche sei die Konzentration «logisch und unausweichlich», sagt der Geschäftsleiter, denn der Aufwand sei «komplex und gross geworden» – insbesondere in der Forschung und im Marketing sei heute immer mehr Kapital nötig, um international konkurrenzfähig zu bleiben. Die hier erst angedeutete Idee einer Fusion wird in den folgenden Monaten konkret. Als im April 1969 schliesslich bekannt wird, welchen Partner Geigy ins Auge fasst, geht ein ungläubiges Raunen durch Basel: Ciba, der ungeliebte Rivale.

1970–1985

Stress in Zeiten der Fusion
Der Konzern sucht die Einheit
Zeitalter der Multi-Kritik
Verantwortung gegenüber der Dritten Welt
Die Refugien des Grandseigneurs
Sulzer-Krise, Chiasso-SKAndal, Stinkbombe
Nachträgliche Hochzeitsfeier
«Operation Turnaround»
«Der letzte Mann der Familie»
Ciba-Geigy auf der Couch
Die *Bilanz* zum «Daig»
«À demain, Sämi»

Sämi Koechlin wünscht sich für Geigy einen Partner, um im globalen Wettkampf der chemisch-pharmazeutischen Branche mithalten zu können. Auf dem Papier erscheint Ciba als eine exzellente Partie: Das Stammhaus des Konkurrenten befindet sich nur wenige Kilometer entfernt, dessen Stärken liegen indes in anderen Regionen und in anderen Geschäftsfeldern. Es wäre der Zusammenschluss von zwei fast gleich grossen Unternehmen, ein «merger of equals». Sollte er gelingen, würde Geigy auf einen Schlag neue Dimensionen erklimmen: Es wäre das zweitgrösste Schweizer Unternehmen nach Nestlé. In Basel regen sich derweil Zweifel an der Machbarkeit eines Zusammenschlusses. Die Unterschiede zwischen Geigy und Ciba gelten als hausgemacht, verhaftet in alten Geschichten, eigentümlichen Gallionsfiguren und unterschiedlichen Kulturen. Die Angestellten von Geigy erzählen sich Anekdoten wie die folgende über die Arbeitswelt im Klybeckquartier: Vor den Büros der leitenden Angestellten von Ciba würden Namensschilder aus unterschiedlichen Metallen hängen – je edler das Material, desto höher der Rang. Samuel Koechlin ist mit solchen Klischees und gebührend Skepsis gegenüber der vermeintlich selbstgefälligen Ciba aufgewachsen, im Rahmen der Verhandlungen kommentiert er in einem Memo spöttisch: «Die Situation der Ciba ist grosso modo durchwegs, wie wir sie uns vorgestellt haben – nur einige Grade schlechter.» Beim langjährigen Konkurrenten scheint ihm eine steile Hierarchie zu herrschen, das Organigramm gewährt wenigen Herren viel Macht. Die bei Geigy eingeführten Methoden modernen Managements wird Sämi bis zur Erschöpfung verteidigen. Es folgt ein weiteres Kapitel, das Konflikte mit alten Herren bereithält.

Einen Rivalen findet Sämi Koechlin um 1970 in der Person von Robert Käppeli, dem langjährigen Verwaltungsratspräsidenten von Ciba. «Käppeli war der grosse Mann und die Autorität bei Ciba», erinnert sich Frank Vischer, der die Arbeiten am juristisch hochkomplexen Fusionsvertrag leitet.

Die Verhandlungen zwischen den beiden Firmen sind lange ein vorsichtiges Abtasten. Was Käppeli im Schild führt, bleibt bei Geigy oftmals ein Rätsel. Einmal bezeichnet der Ciba-Präsident die Fusion als logischen Schritt, ein andermal droht er die Verhandlungen angesichts der vielen Unklarheiten abzublasen. Im Gegensatz zu Sämi findet Louis von Planta einen persönlichen Zugang zu Käppeli. Der Verwaltungsratspräsident von Geigy bezeichnet sein Pendant bei Ciba später als «eine geborene Führernatur» – und zwar nicht «im heutigen Sinne eines Managers, sondern vielmehr im Sinne einer römischen Renaissance-Figur».

Neben der Geschäftsleitung von Geigy übernimmt Sämi Koechlin 1969 die Leitung des sogenannten Integrationsausschusses, der zur Vorbereitung einer neuen Organisationsform dienen soll. Wenige Jahre nachdem es bei Geigy galt, den Patron «CK wie er ist einzubinden», sucht Sämi nun eine Rolle für den im Jahr 1900 geborenen Käppeli. Am 31. Januar 1970 plädiert ausgerechnet Sämi dafür, Robert Käppeli zum ersten Präsidenten des geplanten Megakonzerns zu ernennen. Es sei für Geigy nicht weiter tragisch, sich in diesem Punkt «etwas erpressen zu lassen», erklärt Koechlin bei der Sitzung der eigenen Konzernspitze, denn so gewinne Geigy «die wesentlichen Vorteile des Ausscheidens des Herrn Dr. Käppeli aus dem Leitenden Ausschuss und der Geigy-Mehrheit in demselben». Der Vorschlag ist wohlkalkuliert – und vermutlich mit Louis von Planta besprochen worden: Er sieht vor, dass das eigene Duo von Anfang an das Management im Sinn von Geigy prägt, als Pfand dürfte Käppeli das ehrenvolle Amt des ersten Präsidenten übernehmen, müsste aber angesichts seines fortgeschrittenen Alters bald zurücktreten. Der Vorschlag des gegenüber Käppeli so kritisch eingestellten Koechlin wirkt im Verwaltungsrat von Geigy ebenso überraschend wie überzeugend.

Wer im geplanten Konzern welche Rolle übernehmen soll, ist Anfang der 1970er-Jahre Stadtgespräch. Über Samuel Koechlin wird dabei gemunkelt, sein Einfluss sei am

Abb. 16
Ansprache von Louis von Planta an der Generalversammlung von Ciba-Geigy, daneben Robert Käppeli, ganz rechts Samuel Koechlin, 1970

Schwinden. In der Rheinstadt fragt man sich, ob der Geschäftsleiter von Geigy mit der Fusion seine Rolle aufs Spiel setzen würde. An der Fasnacht frohlockt ein Schnitzelbank: «Nid jede Kechli isch e Koch.» Der Vergleich gilt Carl Koechlin und seinem Neffen Samuel. Der alte «Kechli» galt weitum als geschickter «Koch» von wirtschaftspolitischen Rezepturen. Es ist lediglich eine von zig humoristisch zugespitzten Pointen der Fasnachtscliquen auf die geplante Fusion, aber sie stellt immerhin die Frage der Identität: Wird der Nachfahre des Patrons ein so einflussreicher Herr, wie es viele seiner Vorfahren waren? Obwohl sich Sämi binnen weniger Jahre einen Namen als moderner Wirtschaftsführer gemacht hat, bleibt das Etikett des «jungen Koechlins» an ihm haften; während der Fusionsverhandlungen ist es mehr denn je eine Last.

Stress in Zeiten der Fusion

Unter dem Druck der Fusionsverhandlungen scheint Sämis Körper immer wieder zu streiken. Er hat Probleme mit der Lunge, fühlt sich kraftlos, zeitweise verliert er seine Stimme beinahe vollständig. An einer der zahlreichen Sitzung schiebt er Louis von Planta ein Votum zu, seinen eigenen Worten aus dem Mund des Vorgesetzten horcht er mit geradem Rücken und entschlossenem Blick. Stark und standhaft bleiben, selbst wenn man krank ist – das hat er von früh auf so gelernt. Seinen Körper versucht Sämi mithilfe von Medikamenten anzutreiben. Seit seinen Anfängen in der Pharmaabteilung stapelt er in grossen weissen Arzneischränken allerlei Mittel, die meisten in den typisch gelb-weissen Verpackungen von Geigy. Ist er aufgewühlt, nimmt er etwas zur Beruhigung, fühlt er sich niedergeschlagen etwas, das aufputscht. Er geht mit seinen Zweifeln ähnlich um wie viele Geschäftsleute seiner Zeit: Er frisst sie in sich hinein, manchmal ertränkt er sie auch. Sein zeitweise starker Alkoholkonsum und das unablässige Rauchen sind gängige Mittel, um jenes Leiden zu unterdrücken, das im deutschsprachigen Raum neuerdings als Stress bezeichnet wird.

Stress ist wie die «Managerkrankheit» ein Phänomen, das der Historiker Patrick Kury unter dem Titel *Der überforderte Mensch* beschreibt. In den 1970er-Jahren scheinen nicht mehr in erster Linie Geschäftsmänner, sondern immer breitere Teile der Gesellschaft überfordert, entkräftet, gestresst. Wie schwierig es immer noch ist, eine Überforderung einzugestehen, erfährt Sämi in seinem nächsten Umfeld. Die Frau eines Freundes schreibt ihm, der Gatte leide an «einer Art Erschöpfungskrise». Für die damit verbundene berufliche Absenz und den Rückzug vom öffentlichen Leben schäme er sich sehr. Sämi geht umsichtig mit dem Tabu um, die gemeinsamen Freunde bittet er, dem Leidenden doch bitte kurze Briefe – «Lebenszeichen» – zu schicken; «mehr können wir im Moment nicht für ihn tun».

Das Gefühl von Stress und Überforderung, aber auch von Angst und Ohnmacht erleben im Zuge der Fusionsverhandlungen eine Reihe von Mitarbeitern bei Geigy und Ciba. Wie es im Beruf weitergehen soll, ist für viele Angestellte unklar. Es droht der Verlust des angestammten Arbeitsplatzes, vielleicht sogar die Arbeitslosigkeit. Die *Weltwoche* schreibt, viele Mitarbeiter hätten während der Integrationsphase ihre «Machtpositionen zäh zu verteidigen» versucht. Hinter vorgehaltener Hand spricht man von Nervenzusammenbrüchen und Depressionen, ein Journalist ergänzt wenig taktvoll: «Die Selbstmordrate indes soll vom Normalmass auch in jenen kritischen Monaten nicht signifikant abgewichen sein.» Offenbar gelten Suizide generell als Berufsrisiko in den Führungsetagen dieser Tage.

Die Spannungen rund um die Fusion belasten Sämi, seine eigene Krise bekommt er 1971 besser in den Griff. Er legt in diesem Jahr das Mandat im Verwaltungsrat der Bâloise Versicherungen nieder und reist mit seiner Familie während fast eines Monats durch Tansania. Afrika erfüllt für ihn eine tiefe Sehnsucht, er könnte hier stundenlang in seinem sandfarbenen Safarianzug dasitzen und in die Natur schauen, die Pfeife paffend, wie in sich versunken. Die Reise nach Tansania hilft ihm dabei, den Stress der Fusionszeit abklingen zu lassen. Vor dem Abflug konnte er Henry Strage dazu überreden, mit seiner Familie mitzureisen. Der McKinsey-Berater ist einer von wenigen Freunden, den Sämi noch nicht so lange kennt. Ihm vertraut Sämi Dinge an, die er in Basel lieber für sich behält; etwa dass er angesichts der immer wiederkehrenden Ränkespiele mehr als einmal an einen Rücktritt von der Firma gedacht hat. Auch die Fusion diskutieren Koechlin und Strage oft bis spät in die Nacht. In einer Buchwidmung schreibt Sämi dem Briten später: «if the merger would have a godfather it would be you». Er habe ganz gewiss nicht die Idee einer Fusion gehabt, betont Strage, aber er sei seinem Freund in dieser hektischen Phase mit einem offenen Ohr und Ratschlägen Pate («godfather») gestanden.

Der Konzern sucht die Einheit

Am 20. Oktober 1970 fusionieren Geigy und Ciba zur Ciba-Geigy AG. Der neue Konzern umfasst alle Kontinente und ein Sortiment, das von Farb- und Kunststoffen über Agro- und Fotochemikalien bis zu Arzneimitteln reicht. Die Presse bezeichnet das Resultat des bis dahin mit Abstand grössten Zusammenschlusses zweier Schweizer Unternehmen als «Basler Super-Chemiekonzern». Ciba-Geigy beschäftigt 70 000 Menschen und macht 7 Milliarden Franken Jahresumsatz. Während der auf 18 Monate festgesetzten Integrationsphase ist Samuel Koechlin Vorsitzender der «Erweiterten Konzernleitung», der neben ihm jeweils neun Männer des obersten Kaders der beiden Vorgängerfirmen angehören. Er möchte gleich zu Beginn den Takt angeben, seinem Assistenten schreibt er: «Wir müssen sicherstellen, dass diese erste Sitzung sitzt, auch wenn noch kein etablierter *modus operandi* vorhanden ist.» Im neuen Unternehmen will Koechlin die 1968 umgesetzte Neuorganisation von Geigy als Basis verwenden. Mit seiner Forderungen nach modernen Methoden des Managements stösst er sogleich auf Widerstand.

«Die ‹Ciba-Barone› haben Sämi nicht ohne Weiteres akzeptiert», sagt der von Geigy her kommende Verwaltungsrat Frank Vischer. «Bei der Ciba hatten die Divisionsleiter eine riesige Macht, sie anerkannten eigentlich nur den Präsidenten Käppeli als übergeordnet.» Koechlin habe dagegen eine strikte Trennung von Verwaltungsrat und Geschäftsleitung und damit ein unabhängiges Management vorgeschwebt. Die Idee sei zu seiner Zeit visionär und damit streitbar gewesen, erklärt Vischer. «Sämi war schon ein wenig absolut in seinen Forderungen; was sachlich sicherlich oft richtig war, aber bei einem solchen Zusammenschluss von zwei Unternehmen mit so verschiedenen Kulturen braucht es sehr viel Anpassungsvermögen und auch gegenseitige Zugeständnisse und eine langsame Umsetzung – das sind alles Eigenschaften, die ihm nicht so eigen waren.» Ein Anhaltspunkt für die Skepsis, die in der Ciba-Geigy gegenüber den modernen Methoden der Unternehmensführung herrscht, bietet das Büchlein *Die Katze aus dem Sack gelassen*. In den Karikaturen, die von Mitarbeitern nach dem Abschluss der Integrationsphase publiziert werden, erscheint Management als ein Übel des Arbeitsalltags. Auf einer Seite wird die Maxime der Partizipation als endloses Palaver dargestellt, auf anderen erscheinen Schemen, Tabellen und Prognosen als nutzlose Papiertiger, und das Computerprogramm Management Information System (MIS) wird zum Synonym für «Mis(s)-Wirtschaft».

Abgesehen von den teilweise heftigen Abwehrreflexen, endet die Integrationsphase wie von Sämi gewünscht: Robert Käppeli tritt 1972 altersbedingt zurück, Louis von Planta wird Verwaltungsratspräsident, er selbst der erste offizielle Konzernleiter der Ciba-Geigy AG. In der Presse gilt spätestens jetzt als ausgemacht, wer den neuen Konzern dominiert. Die *Weltwoche* stellt klar: «Sowohl von Planta als auch Koechlin, das Führungstandem des vereinigten Konzerns also, entstammen der Geigy-Schule, daran gibt es nichts zu rütteln.» Nachdem er während der Integrationsphase abgetaucht

Abb. 17

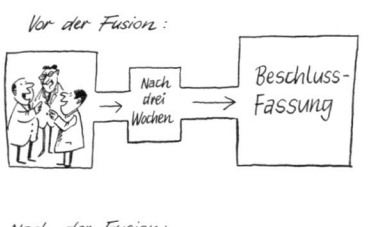

Karikaturen von Hans Geisen in
Die Katze aus dem Sack gelassen, 1973

ist, tritt Sämi nun wieder an die Öffentlichkeit, sein Weggefährte von Planta hat sich derweil als ein Exponent der Schweizer Wirtschaft etabliert und gilt weitum als «Architekt des Zusammenschlusses». Im britischen Magazin *International Management* vergleichen die beiden Männer ihre Zusammenarbeit mit jener eines Staatspräsidenten und eines Premierministers. Während von Planta den Konzern mit diplomatischem Geschick präsidiert, eckt Koechlin zwar bisweilen an, sucht aber in der Konzernleitung stets den Konsens. Von Anfang an etabliert er Seminare und Konferenzen als Foren, um – wie er es sagt – den «gemeinsamen Geist» des Konzerns zu finden.

Um den spürbaren Spannungen zwischen ehemaligen «Cibanesen» und «Geigyanern» die Spitze zu brechen, achtet Koechlin bei Stellenbesetzungen vorerst darauf, dass beide Seiten nicht zu kurz kommen. In den Führungsgremien hält sich die Anzahl «Ciba-Herren» oder «Geigy-Herren» jeweils möglichst die Waage, so auch in der Konzernleitung, die nach Abschluss der Integrationsphase von 19 auf 10 Männer verkleinert wird. In seinen nun häufigen Reden plädiert Koechlin je nach Herkunft des Publikums für einen «pool of collective intelligence», für eine «unité de pensée» oder für ein «Gefühl der Zusammengehörigkeit aller Glieder des Konzerns». 1971 versammelt er die 80 obersten Kader zu einem internationalen Treffen in Meiringen, um gemeinsam eine «corporate philosophy» zu finden. Der Konzernleiter betont fortan, Ciba-Geigy habe im Berner Oberland «seine Seele», «seinen Geist» und «sein Herz» gefunden. Das Unternehmen dürfe sich nicht in zwei Teile gliedern, sondern müsse eine funktionierende Einheit bilden.

Zeitalter der Multi-Kritik

Die ersten Jahre von Ciba-Geigy fallen mit dem Ende des «Wirtschaftswunders» zusammen. Nachdem das Realeinkommen in der Schweiz binnen 20 Jahren um das Vierfache gestiegen ist, droht 1973 offenbar plötzlich der wirtschaftliche Rückschritt. Die Ölpreiskrise und die darauffolgende Rezession schaffen auch in der Schweiz ein Klima der Verunsicherung. Die in verschiedenen Jugendbewegungen der 1960er-Jahre angelegte Kritik am Establishment findet dabei immer breitere Resonanz. Eines der primären Feindbilder nennt man in der Schweiz «Multis», gemeint sind multinationale Konzerne wie Ciba-Geigy. «Multinational», fasst Samuel Koechlin denn auch 1973 in einem Vortrag zusammen, «ist ein Synonym für alles Schlechte geworden.» Die Anklage schlüsselt er auf: Verschmutzung der Umwelt, inflationäre Märkte, Ausbeutung von Arbeitern, insbesondere in den Ländern der Dritten Welt.

     In der Schweiz wird unter dem Schlagwort «Multi-Kritik» eine Vielzahl von Vorwürfen verstanden, ihren kleinsten gemeinsamen Nenner finden sie in der Annahme, dass sich viele multinationale Konzerne ihrer «sozialen Verantwortung» entziehen würden. Es gibt kaum ein Unternehmen, das so «multinational» operiert wie Ciba-Geigy: Der neue Basler Primus macht gut 97 Prozent seines Umsatzes im Ausland. Um die Tätigkeit von Konzernen wie Ciba-Geigy, Nestlé oder Roche entwickelt sich fortan eine heftig geführte Debatte, in der neben einer Reihe von prominenten Intellektuellen und Politikern auch die Vereinten Nationen eine kritische Haltung einnehmen.

     Die Frage der sozialen Verantwortung von Unternehmen ist ein Thema, das Samuel Koechlin immer wieder aufnimmt. Als Konzernleiter widmet er ihm Anfang der 1970er-Jahre nicht nur die meisten seiner Reden, sondern integriert die Frage der sozialen Verantwortung in den Findungsprozess der Unternehmenskultur von Ciba-Geigy. Ende 1972 beruft er ein Treffen der internationalen Konzernspitze ein, um einen «code of ethics» zu diskutieren. In der Schweizer Wirtschaft übernimmt der Konzern eine Vorreiterrolle bei der Formulierung einer «sozialen Verantwortung», die über die Interessen von Aktionären und Mitarbeitern hinausgeht. In den 1973 veröffentlichten «Unternehmensgrundsätzen» wird festgehalten, Ciba-Geigy sei

Abb. 18
Fernsehinterview mit Samuel Koechlin, 1976

auch der «Allgemeinheit» verpflichtet. Sämi Koechlin versteht die Schrift als Leitbild für alle Mitarbeiter im Konzern. Angesichts der Grösse von Ciba-Geigy scheint ihm ein solches als die beste Lösung, um die Frage der sozialen Verantwortung bei der täglichen Arbeit im Blickfeld zu behalten. Mit der aus den USA überschwappenden Bezeichnung Corporate Social Responsibility hat er indes Mühe. Der Begriff scheine ihm nicht viel mehr als ein angesagtes Schlagwort, erklärt Koechlin 1973 in einem Vortrag und verweist auf die Geschichte seiner Heimatstadt. Im protestantischen Basler Bürgertum sei die Idee von «Social Responsibility» nun «wirklich nicht etwas Neues», befindet er, aber die Dimensionen seien heute grösser und komplexer. Während seine Vorfahren oftmals aktiv oder zumindest finanziell in sozialen und oftmals mit der Kirche verbundenen Institutionen mithalfen, lehnt Sämi Koechlin öffentliche Ämter weiterhin ab. Soziale Verantwortung soll nicht als Aufgabe der Konzernspitze verstanden, sondern als eine Pflicht aller Angestellten wahrgenommen werden. In seinen Reden erklärt Koechlin Mitte der 1970er-Jahre, man wolle keinen «Mr. Social Responsibility» – aber wenn eine Person diese Rolle bei Ciba-Geigy verkörpern müsste, dann sei er das als Chef von zu dieser Zeit gegen 72 000 Menschen. Den Mitarbeitern ein Vorbild zu sein, das versteht Koechlin wie verschiedene seiner Vorfahren als die oberste Pflicht eines Unternehmers.

   Vorab zwischen 1973 und 1975 spricht der Konzernleiter nicht nur in öffentlichen Vorträgen und Interviews über die heiss diskutierte Frage der sozialen Verantwortung. An einem Seminar erklärt er den angehenden Vizedirektoren 1975, ihm liege die «soziale Verantwortung» von Ciba-Geigy persönlich «sehr am Herzen». Die jungen Kader erinnert er an Meilensteine der «Multi-Kritik»: *Silent Spring* und *Die Grenzen des Wachstums*. Das erste Buch brandmarkte 1962 Geigys einstiges «Wundermittel» DTT als Beispiel für die Umweltrisiken der chemischen Industrie, zehn Jahre später kommen die Modellrechnungen des Club of Rome zum Schluss, dass Industrialisierung und Bevölkerungswachstum die Welt an den Rand eines Kollapses zu stossen drohen, dass also das Wachstum Grenzen hat. In seinem Vortrag erklärt Koechlin dem hoffnungsvollen Nachwuchs, dass solch brisante Fragen zur Gegenwart gehören. Ciba-Geigy nehme sich der Herausforderung zwar aktiver an als andere Unternehmen in der Schweiz, doch es bleibe die schwierige Frage, wie Erfolg oder Misserfolg auf sozialer Ebene überprüft werden kann. Anstatt einer protokollartigen «Sozialbilanz» verlangt er von den angehenden Vizedirektoren die Umsetzung der Unternehmensgrundsätze. «Die beste Kontrolle» sei schliesslich ganz pragmatisch, nämlich «dass wir geschäftliche Entscheidungen nicht nur nach reinen geschäftlichen Gesichtspunkten ausrichten können, sondern die sozialpolitische Dimension vor uns haben müssen».

Ciba-Geigy nimmt sich dem Thema der sozialen Verantwortung nicht aus freien Stücken an. Tatsächlich wächst es im Zug der «Multi-Kritik» zu einer unternehmerischen Herausforderung; das grösste Unternehmen der Schweiz wehrt sich zum Beispiel 1974 gegen den Slogan «Nestlé tötet Babys», mit dem Kritiker den Verkauf von Säuglingsnahrung in Entwicklungsländern bekämpfen. Die chemisch-pharmazeutische Industrie wird derweil vermehrt mit umweltschädlichen Unfällen in Verbindung gebracht. Welche Gefahren in den Fabriken und Lagern lauern, legen die Unfälle bei Roche im italienischen Seveso 1976 und zehn Jahre später bei Sandoz in Schweizerhalle schonungslos offen. Auch die Fabriken von Ciba-Geigy gelten in den 1970er-Jahren als Urheber von Explosionen und «Stinkwolken», die Presse berichtet einmal von einem «bräunlichen Harzteppich», ein andermal von «violett-rosaroter Farbe» im Rhein. Von einer Katastrophe in den Dimensionen von Seveso oder Schweizerhalle bleibt der Konzern immerhin verschont. Unter der Leitung von Koechlin beschäftigt sich Ciba-Geigy auffallend aktiv mit dem Thema Umweltschutz, das in der Broschüre *Ciba-Geigy in den 1970er-Jahren – Skizzen zu einem Selbstportrait* als «Kardinalsthema» der Gegenwart bezeichnet wird. Der neuen Zentralstelle Umweltschutz steht zwischen 1972 und 1976 ein Investitionsbudget von 200 Millionen Franken zur Verfügung und der Konzern unterhält nun gemeinsam mit dem Konkurrenten Roche eine mobile Messstation, um den Schwefeldioxidgehalt in der Luft zu kontrollieren. Zudem gibt es neuerdings interne Stellen mit dem unglücklich gewählten Kürzel BWL – das Akronym steht bei Ciba-Geigy nicht für Betriebswirtschaftslehre, sondern für Boden-, Wasser-, Lufthygiene.

Der Nutzen solcher Massnahmen kann an dieser Stelle nicht eruiert werden, der aktive Umgang mit dem heissen Thema Umweltschutz passt indes zu einem Glaubenssatz, den Sämi in einem Interview äussert: Eine Veränderung zum Positiven beginne immer beim Verhalten – «bei der Substanz und nicht bei der Fassade». Als ihn ein Journalist einmal fragt, ob er angesichts der andauernden «Multi-Kritik» denn «nie aus der Haut fahre», antwortet Koechlin: «An dem Tag, an welchem ich so reagieren würde, müsste man mich aus der Firma werfen. Es gehört zur Stellenbeschreibung eines Managers, sich mit solchen Problemen auseinanderzusetzen. Wer sie nicht verträgt, ist falsch am Platz.» Es ist einmal mehr eine unmissverständliche Ansage an die Mitarbeiter: Um die Frage der sozialen Verantwortung kommt man nicht herum.

Verantwortung gegenüber der Dritten Welt

Neben dem Umweltschutz engagiert sich Ciba-Geigy Anfag der 1970er-Jahre auch im Bereich der Entwicklungshilfe. Samuel Koechlin setzt kurz nach der Fusion eine mehrköpfige Arbeitsgruppe ein, um eine «Unternehmenspolitik für Länder der Dritten Welt» zu verfassen. Die erste Massnahme ist die Gründung des «Stabs Dritte Welt», den Samuels Bruder Hartmann P. Koechlin leitet. Der promovierte Chemiker führte bei Geigy das Departement Konzernwerke, das im Zug der Fusion aufgelöst wird. In den «Stab Dritte Welt» bringt er seine Erfahrung in verschiedenen sozialen Institutionen mit, er ist unter anderem

Mitglied der Kuratel der Universität und war Präsident der Basler Stiftung für die Unterstützung von Entwicklungsländern. Die Gründung der Stiftung geht auf den bekannten Tropenmediziner Rudolf Geigy zurück. Der Nachfahre der Unternehmerfamilie Geigy nutzte beim Aufbau des Schweizerischen Tropeninstituts seine Beziehungen in der Basler Wirtschaft und Schweizer Politik geschickt, unter anderem bei der Gründung des Rural Aid Center in Tansania – ein Spital, das Sämi Koechlin besucht hat. Auch wenn es weitum als ein Beispiel gelungener Entwicklungshilfe gilt, scheint Koechlin auch für das Engagement in der sogenannten Dritten Welt eine Abwendung des von Rudolf Geigy verkörperten Paternalismus angezeigt. Mit der Gründung des «Stabs Dritte Welt» wird Entwicklungszusammenarbeit zu einer Funktion des Managements. Der Konzern will fortan aktiv und nicht mehr ausschliesslich als Geldgeber in der internationalen Entwicklungszusammenarbeit tätig sein. «Ciba-Geigy betrat damit als erstes Schweizer Unternehmen Neuland», erklärt der erste Leiter Hartmann P. Koechlin. Im Zentrum der Projekte sei der Transfer von Wissen und Produkten gestanden, wobei man die Zusammenarbeit mit lokalen Partnern und internationalen Organisationen gesucht habe. Ein frühes Projekt entwickelt sich im Zug der Hungerbekämpfung in der Westsahara, die kurz nach den verheerenden Dürreperioden zwischen 1972 und 1974 von der UNO lanciert wird. Die Mithilfe beim Aufbau einer Station für Agrarwissenschaft wird zu einem der nachhaltigsten Projekte des «Stabs Dritte Welt», heute ist es Bestandteil der später von Ciba-Geigy abgetrennten Syngenta.

In Mali sei es gelungen, die schlechte Qualität der angebauten Hirse «in Sachen Ausbeute Aminosäuregehalt oder Standfestigkeit der Pflanzen» zu verbessern, wie Hartmann P. Koechlin erzählt. Sein Bruder Samuel erklärt die «Ertragssteigerung der Landwirtschaft» 1974 als eine Voraussetzung, um der Dritten Welt zu helfen. Mit dem Kauf des amerikanischen Spezialisten Funk Seeds erhält die grosse Agrochemie-Division in diesem Jahr eine bedeutende Ergänzung im Bereich «der genetischen Beeinflussung pflanzlicher Eigenschaften», wie der Konzernleiter sagt. Die Forschung im Bereich Saatgut betreffe eine Frage, «die noch weit von ihrer Lösung entfernt ist, deren Bearbeitung aber im Lichte des Ernährungsdefizits der Welt eine wichtige Rolle zukommt». Zu den prominenten Verfechtern der Genmanipulation innerhalb des entwicklungspolitischen Diskurses zählt Klaus Leisinger, der bei Ciba-Geigy mit dem Konzernleiter zusammengearbeitet hat. Über ihn sagt der Soziologe: «Sämi Koechlin war derjenige, der dem Engagement in der Dritten Welt zum Durchbruch verholfen hat, er war ein Visionär, der die soziale und ethische Verantwortung der Wirtschaft erkannt hat und trotzdem – oder vielleicht eben gerade deswegen – ein erfolgreicher Unternehmer war.» Leisinger wird Anfang der 1970er-Jahre zu einem der jungen Mitarbeiter, die Sämi Koechlin gezielt fördert. Als erste Aufgabe soll der Student, der bereits vor der Fusion in der Farbstoffabteilung von Geigy jobbte, seine Ideen für eine «Unternehmenspolitik für Afrika» niederschreiben. Der «mit Idealismus und heissem Herzen» geschriebene Entwurf habe bei seinem Vorgesetzten Entsetzen ausgelöst, erinnert sich Leisinger. Samuel Koechlin habe gesagt: «Diese Politik ist ausgezeichnet» – und nach einem Zug an der Pfeife lachend angefügt: «für heute in 50 Jahren».

Der junge Deutsche arbeitet fortan im «Stab Dritte Welt» und hält bald Vorlesungen an der Universität Basel. In der Ciba-Geigy habe Sämi Koechlin immer eine schützende Hand über die Bemühungen im Bereich der Entwicklungszusammenarbeit gehalten, erklärt Leisinger; für ihn selbst sei der Konzernleiter zu einer Art Patenonkel, einem «Götti», geworden. «Er trug nicht die Aura des Herrschers vor sich her und artikulierte Befehle», sagt Leisinger. «Er ging auf die Menschen zu. Man hatte das Gefühl, was man sagt, interessiere ihn. Er konnte aber auch streng und konsequent sein, wenn jemand prinzipiell anders handelte, als er es für richtig hielt.» Dem jungen Deutschen erklärt Koechlin immer wieder die Mechanismen, die in den Büros herrschen und den beruflichen Erfolg mitbestimmen. «Herr Leisinger, Sie müssen auch noch den, den und jenen nach seiner Meinung fragen», habe ihm der Konzernleiter manchmal gesagt. Warum sich die Mühsal lohne, selbst jene über Angelegenheiten zu unterrichten, die damit nicht direkt etwas zu tun haben, illustriert Koechlin mit folgendem Beispiel: «Wenn die Herren gefragt werden, haben sie vielleicht nichts zu sagen, aber wenn sie nicht gefragt werden, werden sie Ihnen wahrscheinlich in den Rücken fallen, weil sie nicht gefragt wurden.»

Der Konzernleiter ist angetan vom Elan des jungen Soziologen, Anfang 1977 fragt er Leisinger, ob er sich vorstellen könnte, einmal die Entwicklungszusammenarbeit von Ciba-Geigy zu leiten. «Gut», entgegnet der Konzernleiter auf die Zusage Leisingers, «dann müssen Sie Ende des Jahres aus Basel weg sein; Sie können entscheiden, ob Sie nach Ost- oder Westafrika, die Agro- oder die Pharma-Division wollen.» Die Tätigkeit im Ausland sei eine unerlässliche Bewährungsprobe, denn ohne Erfolg im Tagesgeschäft hätte Leisinger dereinst nicht die nötige Glaubwürdigkeit, um das Engagement in der Dritten Welt leiten zu können. Leisinger entscheidet sich für Ostafrika und die Pharmazie, 1982 wird er Nachfolger des pensionierten Hartmann P. Koechlin, der sich privat weiterhin im Bereich der Entwicklungszusammenarbeit engagiert. Dessen Bruder Samuel habe ihm in seiner Karriere vieles ermöglicht, sagt Leisinger, besonders imponiert hat ihm die Haltung des Konzernleiters. «Das war ein – heute würde man sagen ‹cooler› Typ. Er war unprätentiös und weltoffen, förderte auch unkonventionelle Charaktere, hat dauernd Pfeife geraucht und ist mit seinem VW Cabrio umhergefahren. Ihm wäre nie in den Sinn gekommen, sich mit Luxuslimousinen und Chauffeur zu bewegen, das wäre ihm als peinlich erschienen.»

Das Understatement pflegt Koechlin mit Bedacht; einmal sagt er einen internen Anlass ab, da das «Auf-

Die Gorillas lassen Besucher auf Tuchfühlung herankommen.

Abb. 19

Samuel Koechlin in einem Ausschnitt aus
Das Tier, 1981

treten eines Herrn Konzernleiters» doch «notgedrungen etwas pompös wirke». Mit seiner sprichwörtlichen Bescheidenheit und dem höflichen Auftreten erinnert Sämi durchaus an seine Vorfahren in der Firma. Die progressiven Ideen, die er hegt, mögen angesichts der äusseren Erscheinung eines pfeifenrauchenden Grandseigneurs überraschen. Obwohl er in der Schweiz als ein Pionier modernen Managements gilt, erinnert Sämi Koechlin seine Umwelt an die Patrons alter Schule, die einst im Basler Traditionsunternehmen Geigy gewirkt haben.

Die Refugien des Grandseigneurs

Nach Hause zu kommen, bedeutet für Sämi seit 1965, die Pforte des Steinackers zu queren. Herr Koechlin sei im Dorf präsent gewesen, erinnert sich seine Nachbarin Margit Diem. «Er war ein einfacher Mann, gar nicht versnobt oder abgehoben.» Im 200-Seelen-Ort wird er nicht nur als grösster Steuerzahler, sondern auch als Arbeitgeber für Pferdepfleger, Gärtner und Haushaltshilfen geschätzt. Zudem übernimmt er 1976 das Präsidium der Schulgemeinde; ein Amt, für das er eigentlich keine Zeit hat. Letztlich überzeugen ihn seine Frau und Margrit Diem davon, dass der Dorflehrer für massive Spannungen im kleinen Ort gesorgt habe.

Diem – deren Mann Konrad bei Ciba-Geigy in leitender Position arbeitet – berichtet Koechlin von boshaften Erniedrigungen einzelner Schülerinnen und Schüler. Die Vorwürfe bestätigen Sämi zu Hause seine Töchter Lucy und Monica, die in Burg die Schule besuchen. Im Schulrat sei der bekannte Wirtschaftsführer «nie einschüchternd, sondern immer sehr diplomatisch» aufgetreten, erinnert sich Diem. «Ich erlebte ihn als ganz feinen Menschen, er stellte sich nicht in den Vordergrund.» Als Schulratspräsident leitet Koechlin die Sitzungen wie im Konzern: Er stellt Fragen, hört zu, fasst zusammen. Entschieden wird im Plenum – im Fall des Dorflehrers die Entlassung.

In seinen Ferien nimmt Sämi die Kinder mit auf oftmals abenteuerliche Reisen. Er legt Wert darauf, dass Lucy, Monica, Dominik, Sibylle und Catherine das Fremde kennenlernen und dass sie wahrnehmen, was sie erleben. Das erste Mal das Meer sehen, die erste Auster essen, das erste Mal ein wildes Tier beobachten: Solche Premieren inszeniert er mit Sorgfalt, es sind «rites de passage». Seine Kinder erinnern sich an einen humorvollen, aber auch zurückgezogenen Menschen. «Charismatisch» und «schnell denkend» erlebten sie ihren Vater, «warmherzig» und «empathisch», gleichzeitig «ernst» und «nachdenklich». Die Meinung seiner Kinder möchte «Babbe» kennen, oft merkt er rasch, wenn sie etwas bedrückt. Wenn ihm etwas nicht passt, sendet er dagegen eindeutige Signale. Zu Hause schimpft er kaum, meist genügt sein Blick, um Grenzen zu markieren.

Dank Erbschaften und des unbekannten, aber gewiss stattlichen Salärs stehen genügend Mittel für die Gestüte im Leimental und in den Cotswolds zur Verfügung. Als ihn seine Frau Pat am Anfang ihrer Ehe nach den Details fragt, antwortet Sämi entschieden: «Über Geld spricht man nicht!» Es ist eine der alten Regeln, die er bewahrt, der sprichwörtliche Geiz des Basler Pietismus ist ihm dagegen fremd. Es ist gewiss ein Luxusproblem, aber Geld scheint Sämi kaum zu interessieren. Seiner Geschäftssekretärin überlässt er ein Konto, um die privaten Auslagen zu regeln. Allein zwischen 1966 und 1980 füllen die privaten Rechnungen 24 Bundesordner. Sämi Koechlin mag sich weder im Konzern noch im Hofbetrieb mit bürokratischen Details aufhalten. Wie sehr er den Angestellten vertraut, bleibt Pascal Geyer in Erinnerung. Als der junge Landschaftsgärtner am Anfang überfordert scheint mit der grossen Anlage in Burg, habe der Chef immer gesagt: «Pascal kann das, und er macht das.»

Keine Kosten scheut Sämi insbesondere für Reisen in die entlegensten Ecken Afrikas. Seine Frau Pat nutzt solche Ausflüge, um sich aktiv für den World Wildlife Fund zu engagieren. Sie ist Stiftungsrätin im WWF, mit ihrem Mann teilt sie neben der Reiselust auch die Sorge um die Umwelt und die gemeinsame Faszination für die Welt der Tiere. In Afrika entwickelt Sämi eine besondere Vorliebe für die in verschiedenen Gebieten bedrohten Affen. In Ruanda besuchen er und Pat die Station der bekannten Gorilla-Forscherin Dian Fossey. Das Magazin *Das Tier* druckt in einem Artikel über die «sanften Riesen» später ein Bild von Samuel Koechlin ab: Er sitzt neben einem Silberrücken. Die beiden Wesen schauen sich direkt in die Augen, in der Bildlegende steht: «Die Gorillas lassen Besucher auf Tuchfühlung herankommen.»

Sämi sei «ein sehr gebildeter Mann» gewesen, betont sein Wegbegleiter Frank Vischer, «aber seine Hauptliebe waren immer die Pferde – das muss man immer im Auge behalten.» Wenn er nicht auf Reisen ist, reitet der ehemalige Olympiateilnehmer täglich aus. Die so unterschiedlichen Charaktere der Pferde fordern ihn nach wie vor heraus, einmal beisst er im Sattel eine Pfeife entzwei, mit dem Starrsinn der Tiere misst er sich ein Leben lang. Um die Eigenschaften der Pferde zu beschreiben, fehlen ihm manchmal die Worte. Einem britischen Stallburschen schreibt er: «the horse looks and feels grand» – das Verb «feel» unterstreicht er; was das Wesen eines Pferdes ausmacht, muss man spüren.

Seine Karriere als Reiter beendet Sämi Koechlin an seinem 50. Geburtstag, nach dem 29. März 1975 will er nicht mehr an Wettkämpfen teilnehmen. Der Rücktritt falle ihm schwer, schreibt er seinem Olympiakollegen Robert Perret, aber er habe den Entscheid freiwillig getroffen – «aus eigenem Entschluss!». Sämi reitet zwar weiterhin frühmorgens durch die Landschaft, aber an Wettkämpfen möchte er sich nicht als alternder Mann blamieren. Das Zentrum der Pferdezucht Smythe-Koechlin liegt in Sudgrove, wo Pat einst mit den Erlösen aus ihren Büchern einen Reithof kaufte. Im Herzen Englands ist es Sämi immer noch besonders wohl. Leidenschaftlich reitet er bei Fuchsjagden mit, manchmal geht er in den sanften Hügeln auf Fasanenjagd. Alleine durch Wiesen und Wälder zu streifen, sich anzupirschen, das Tier zu erlegen; es ist eine ebenso archaische wie adelige Tätigkeit, die ihm Freude bereitet. Nach Stunden im Freien setzt er sich besonders zufrieden an den Kamin, unterhält sich mit den Gästen, die er oft auch aus der Schweiz einlädt, trinkt Whisky und raucht Pfeife. Zur Entspannung liest er Kriminalgeschichten oder schaut fern. Sämi ist ein Fan von britischen Comedians wie den *The Two Ronnies* oder *Morecambe and Wise*. Deren Sinn für die Absurditäten des Lebens, der bissige Sprachwitz, die trockenen Pointen, das bringt ihn zum Lachen. An den hohen Künsten ist er nicht sonderlich interessiert, aber er hat ein Faible für Sprache, insbesondere die englische. Er liest gerne die raffinierten Werke eines Graham Greene, den grossen Shakespeare verehrt er, selber schleift er seinen britischen Akzent zur Perfektion.

An Sonntagen geht er wenn immer möglich in die Church of England. Ihr wenden Pat und er den grössten Teil ihrer zahlreichen Spenden zu. Die Abkehr von der so tief im Basler Bürgertum verwurzelten protestantischen Kirche hängt Sämi nicht an die grosse Glocke. Religion ist für ihn etwas Persönliches. In der Kirche murmelt er die Gebete andächtig vor sich hin, wenn gesungen wird, bewegt er die Lippen leise. Mit seinem zunehmenden Glauben erinnert er den Freund Guy Sarasin an ein Bonmot: «In der Jugend lebte er flott, doch mit der Zeit erkennt er Gott.»

Mit dem Weg in die relativ liberale anglikanische Gemeinschaft folgt Sämi dem Glauben seiner Frau Pat, die protestantische Ethik seiner Vorfahren legt er indes nie ab. Sein Ideal ist ein massvolles Leben, in dem Fleiss und Bescheidenheit die höchsten Tugenden sind. Den grossen Auftritt vermeidet Sämi Koechlin auch als Leiter des Weltkonzerns Ciba-Geigy, im Büro weiss man, dass «Dr. SK grosse Bahnhöfe gar nicht mag» und schickt ihm den Blumengruss zum Geburtstag jeweils diskret nach Hause. Damit er sich zu formellen Anlässen überwindet, müssen Sämi die Gäste ausserordentlich interessieren. Ausnahmen macht er insbesondere für Anlässe mit britischer

Abb. 20
Samuel Koechlin (rechts) mit Otto Sturzenegger (Leiter Ciba-Geigy USA) an einem Managementseminar, 1973

Beteiligung, zu denen das Ehepaar aufgrund von Pat Koechlin-Smythes anhaltender Bekanntheit immer wieder eingeladen wird. In den 1970er-Jahren nehmen sie denn auch am Empfang von Margaret Thatcher in der Britischen Botschaft in Bern teil. Sämi schreibt der konservativen Leaderin darauf in einem kurzen Brief, er habe das Gespräch – «our discussions during luncheon» – sehr genossen. Auch am bundesrätlichen Empfang von Queen Elizabeth und Prinz Philip ist das Ehepaar Koechlin-Smythe anwesend.

Die Tochter des Königpaars kennen Pat und Sam aus der Welt des Pferdesports, 1974 nimmt Prinzessin Anne an einer Ciba-Geigy-Gala in London teil. Sie ist selbst eine erfolgreiche Military-Reiterin, am Firmenanlass verteilt sie geduldig Präsente an die Teilnehmer. Ein dabei gedrehter Film zeigt neben «Her Majesty Princess Anne» auch die Ankunft von «Mr. and Mrs. Dr. Koechlin». In den Aufnahmen erscheint der gross gewachsene Konzernleiter zurückhaltend, Koechlin bewegt sich mit aufrechtem Rücken, schüttelt Hände, sein Gesicht legt sich in viele Falten, wenn er grinst. Er steht im Mittelpunkt und achtet aufmerksam darauf, jeweils als Letzter in den Saal zu treten. Die Anspannung ist auf den Filmaufnahmen augenscheinlich. Der Konzernleiter kennt die Regeln, die in solchen Situationen gelten, und er beherrscht sie auch. An Empfängen zeigt er sich vor allem gegenüber Frauen charmant, die Zeitzeugen erinnern sich an «quite a ladies man». Doch das Zeremoniell von gesellschaftlichen Anlässen bleibt ihm ein Gräuel.

Politisch ist Sämi undogmatisch, mit dem Freisinn und den Liberalen teilt er wirtschaftliche Ansichten, mit der Linken die Sorge um die Umwelt, aus dem Bundesrat schätzt er Kurt Furgler von der CVP besonders. Ein Feindbild, das er mit seinen Vorfahren teilt, ist der Kommunismus. Nach dem Einmarsch in Afghanistan unterstützt er 1980 den Boykott der Olympischen Spiele in Moskau. In einem Brief gratuliert Sämi der Reiterin Christine Stückelberger zu ihrem Entscheid, auf den Wettkampf zu verzichten. Die Grand Lady des Dressurreitens arbeitete einst auf der Pferdezucht Smythe-Koechlin in England, 1980 steht sie im Zenit ihrer sportlichen Karriere, alles andere als ein Medaillengewinn wäre in Moskau eine Überraschung. Stückelbergers freiwilliger Verzicht auf Ruhm und Ehre imponiert Sämi.

Sulzer-Krise, Chiasso-SKAndal, Stinkbombe

Im Konzern überlässt Sämi Koechlin die repräsentativen Aufgaben gerne Louis von Planta. Der Verwaltungsratspräsident steigt 1976 zum Präsidenten des Schweizerischen Handels- und Industrievereins auf – und folgt damit auch im sogenannten Vorort dem Weg von Sämis Onkel Carl Koechlin. In der Schweizer Wirtschaft bleibt der Einfluss des sogenannten Old-Boys-Netzwerk ungebrochen, die Verbindungen der mächtigen, zumeist tatsächlich alten Männern bleiben intakt, die beiden Leiter der Ciba-Geigy zählen zu den am besten vernetzten Mitgliedern. Im gleichen Jahr, in dem von Planta Präsident des Vororts wird, tritt Sämi Koechlin endgültig in das Establishment ein: Neben dem Mandat bei der Schweizerischen Kreditanstalt übernimmt er 1976 einen Sitz im Verwaltungsrat von Sulzer und erbt dabei eine Position, die auf der alten Verbindung zwischen Ciba und dem Winterthurer Maschinenbauer beruht. Die grossen Werkhallen von Sulzer faszinieren Sämi, die Schwerindustrie kennt er aus den Erzählungen seines Vaters, der während Jahrzehnten bei Von-Roll Verwaltungsrat war. Im Gegensatz zur chemisch-pharmazeutischen Branche befindet sich die «Zukunftsindustrie» des 19. Jahrhunderts im Krebsgang, mit der nun einsetzenden Rezession gleitet sie in eine schwere Krise. Als Erklärung dient in der Presse immer wieder die Führung von Unternehmen wie Sulzer, die es nicht nur verpasst habe, die sich rasch ändernden Marktbedürfnisse zu antizipieren, sondern in jenem Paternalismus stecken geblieben scheint, der unterdessen weitum als altmodisch gilt.

In der Geschichte des traditionsreichen Unternehmens gilt Georg Sulzer als letzter Patron. Der Nachfahre des Firmengründers findet in Samuel Koechlin eine Person, die den Wechsel zum modernen Management nicht nur versteht, sondern bei Geigy selbst den komplizierten Generationswechsel in einem Familienunternehmen erlebt hat. Im Februar 1979 fragt Sulzer Koechlin, ob er von ihm das Präsidium im Verwaltungsrat übernehmen möchte. Sämi bittet den Unternehmer nach dem Treffen im Grandhotel Dolder um Bedenkzeit.

Es wäre für Sämi eine grosse Ehre, als erster Vertreter ohne Verbindung zur Familie Sulzer an die Spitze des ruhmreichen Unternehmens zu treten. Nach Rücksprache mit Louis von Planta sagt er gleichwohl ab. Das Amt würde «praktisch einen ‹full-time›-Einsatz bedingen», schreibt er Georg Sulzer. Das Unternehmen liege ihm zu sehr am Herzen, um neben seiner Arbeit bei Ciba-Geigy leichtfertig das Amt des Präsidenten zu übernehmen. Trotz der Absage trägt Koechlin in den folgenden Jahren aktiv zur Restrukturierung von Sulzer bei. Dem Patron rät er, wie «seinerzeit bei Geigy», die Dienste von McKinsey & Company zu beanspruchen, um das Unternehmen neu aufzugliedern. Als Nachfolger empfiehlt er Sulzer den Swissair-Direktionspräsidenten Armin Baltensweiler, einen alten Geschäftsfreund, mit dem Sämi im Verwaltungsrat der SKA sitzt und der 1982 tatsächlich Präsident von Sulzer wird.

Ein Amt, das Sämi 1978 übernimmt, ist der auf einen Turnus von zwei Jahren festgelegte Vorsitz des Centre d'Etudes Industrielles in Genf. Das Engagement für die Wirtschaftsschule passt zu Sämis Interesse an den Theorien des Managements, seine Mandate bei Sulzer und der SKA zu seinem Talent für Strategie und Planung. In beiden Unternehmen beschäftigt sich der Verwaltungsrat Ende der 1970er-Jahre mit veritablen Krisen. Als im April 1977 die Geldwäscherei in einer Tessiner Filiale der SKA bekannt wird, wird Koechlin Mitglied im Krisenstab. Der «SKAndal von Chiasso» befeuert die wachsende Skepsis gegenüber der Wirtschaft und bringt das von Politik und

Wirtschaft gehegte Schweizer Bankgeheimnis unterDruck. In der Öffentlichkeit mehren sich die Stimmen, die es als ein Privileg für hinterlistige Diktatoren und rücksichtslose Geschäftsmänner ächten. Für die Grossbank birgt «Chiasso» nicht nur einen Schaden in Milliardenhöhe, sondern Glaubwürdigkeitsprobleme. Während sich der Krisenstab um Koechlin im Hintergrund mit der Bewältigung der Affäre beschäftigt, wird der Generaldirektor Rainer E. Gut zum Sprecher und damit zum Gesicht der öffentlich gebeutelten Grossbank. Wie Koechlin und Baltensweiler ist auch Gut ein Vertreter der jüngeren Generation, die in den 1970er- und 1980er-Jahren an die Spitze der Schweizer Wirtschaft aufsteigt. Seinen Weggefährten Sämi Koechlin beschreibt er später als «sympathisches und vornehmes Wesen».

Auch Ciba-Geigy erlebt im Zeitalter von «Chiasso», «Seveso» und «Schweizerhalle» einen Skandal, der zu einem negativeren Bild der Wirtschaft beiträgt: SMON. Es ist der schwedische Mediziner Olle Hansson, der 1966 das von Ciba entwickelte Anti-Diarrhö-Mittel Clioquinol als Auslöser der Subacute Myelo-Optic Neuropathie (SMON) identifiziert und Ende der 1970er-Jahre durch Bücher und Boykottaufrufe bekannt macht. Obwohl ein japanisches Gericht den Zusammenhang zwischen dem Medikament und der lähmenden Nervenkrankheit bestätigt und sich der Basler Konzern zu Vergleichszahlungen in Millionenhöhe bereit erklärt, wird Ciba-Geigy das Mittel erst 1985 endgültig aus dem Verkehr ziehen. Die mit der SMON-Affäre verbundene Skepsis gegenüber dem «Basler Chemieriesen» zeigt sich exemplarisch an der Generalversammlung 1977: Ein Tag vor dem Anlass detoniert im Saal eine Stinkbombe. Die Urheber bleiben anonym, verletzt wird niemand, die Botschaft aber ist klar: «Multis» kann man nicht trauen, sie stinken gen Himmel.

Mit den von ihm geförderten Engagements im Bereich des Umweltschutzes und der Entwicklungszusammenarbeit zählt Sämi Koechlin zu den Unternehmern, die sich aktiv mit der immer heftiger werdenden «Multi-Kritik» beschäftigt. Die Argumente von antikapitalistischen Bewegungen wie der Roten-Armee-Fraktion (RAF) findet Sämi zumindest intellektuell interessant, über die Forderungen der RAF diskutiert er eifrig, unter anderem mit den mittlerweile erwachsenen Kindern. Obwohl er durch seine Mandate zweifellos dazugehört, sieht sich Sämi nicht als Teil des Establishments. Die Entführungen von Geschäftsmännern und Wirtschaftspolitikern scheinen ihm ein Phänomen, das ihn als Bürger besorgen muss, doch dass er selbst einmal Opfer eines Angriffs werden könnte, scheint ihm eine abstruse Idee. Im Büro wehrt sich «Dr. SK» lange gegen alle Massnahmen, die zum Schutz seiner Person geplant werden. Die alternierenden Arbeitswege, die bei Ciba-Geigy zur Verwirrung von allfälligen Entführern der höchsten Kader ausgeheckt werden, ignoriert er. Seine Haltung ändert sich 1977 im «Deutschen Herbst» mit der Ermordung des deutschen Wirtschaftsvertreters Hanns Martin Schleyer durch die RAF. Kurz darauf wird der Steinacker in Burg mit Panzerglas und Gittern hochgerüstet und durch eine Alarmanlage gesichert. Letztlich tauscht Sämi Koechlin auch den verbeulten Käfer gegen einen neuen VW Scirocco. Um die befürchteten Kidnapper im Notfall abhängen zu können, lässt der Konzern dem Volkswagen Coupé einen stärkeren Motor einbauen.

Die Gefahr eines Angriffs scheint um 1980 durchaus real. Das aus der autonomen Szene stammende Heft *Kinderkrankheiten* publiziert in einer Ausgabe die Adressen der Manager der Basler «Chemie-Multis», darunter auch den Steinacker in Burg im Leimental. Im Steckbrief zu «Dr. Samuel Koechlin» steht: «Neffe des alten Koechlin, Chef der Geigy, als Vorsitzender der Konzernleitung eigentlicher big Boss der Ciba-Geigy neben v. Planta.» Angesichts des Terrors durch die RAF wirken die Zeilen wie ein Fahndungsaufruf. Die Spitze des Konzerns bleibt schliesslich von persönlichen Übergriffen verschont, aber die heftige Kritik an der Wirtschaft raubt Sämi ein Stück Freiheit. Seinem VW Käfer Cabrio trauert er noch lange nach.

Nachträgliche Hochzeitsfeier

Auch nach der Fusion führt der Arbeitsweg von Sämi Koechlin auf das Geigy-Areal Rosental. Ständig qualmend, brütet er in seinem Büro über der Frage, in welche Richtung sich der fusionierte Konzern entwickeln soll. Mit dem bisherigen Geschäftsgang sind weder er noch der Verwaltungsratspräsident Louis von Planta restlos zufrieden. Bereits 1972 warnen sie die Konzernleitung, dass die Fusion bisher keine Synergie, sondern eine Addition der Kosten mit sich bringe. Zwei Jahre später spricht Sämi an der Generalversammlung vom «Ende der Belle Époque», kurz darauf entlässt Ciba-Geigy erstmals Mitarbeiter. Um die kritische Lage vor Augen zu führen, quartiert Koechlin die Kader einmal in einem schäbigen Hotel ein, an Tagungen fragt er sie, ob Ciba-Geigy vielleicht zu sehr «Schönwetterorganisation» sei. In der auf Englisch geführten Konferenz möchte er diskutieren, welche Prioritäten man nach dem Ende der Hochkonjunktur setzen wolle und welche Geschäftsbereiche verkleinert werden müssen – und sagt provokant: «We must perhaps kill certain holy cows who've outlived their usefulness – and their holiness.»

Der Konzernleiter mag seinen Kadern zuweilen als gar skeptisch erscheinen, denn Ciba-Geigy und seine Konkurrenten leiden weit weniger unter der Rezession als andere Wirtschaftszweige in der Schweiz. Nichtsdestotrotz beurteilen Samuel Koechlin und sein Vorgesetzter Louis von Planta die eigene Lage spätestens 1978 überaus kritisch. Nachdem der Umsatz bis anhin nicht zuletzt durch Akquisitionen, die der Konzern im Zug des schwachen Dollars in den USA tätigt, kontinuierlich etwas angestiegen ist, fällt er in diesem Jahr um 10, der Gewinn gar um 15 Prozent. Den schwachen Geschäftsgang führt das Führungsduo nicht allein auf die Wirtschaftskrise zurück. Viele Probleme scheinen hausgemacht im fusionierten Konzern. Die von Sämi Koechlin angeregte Suche nach einer gemeinsamen Kultur ist seit der Fusion ein zäher Prozess, gerade in Basel sind die Beispiele von hartnäckigen Vorbehalten gegenüber den einstigen Rivalen zahlreich. Alte Seilschaften und loyaler Zusammenhalt erscheinen als naheliegende Methoden, um sich im riesigen Konzern zu positionieren. Es gibt viele Mitarbeiter, die noch über zwei Jahrzehnte nach der Fusion mit Stolz betonen, dass sie «von der Ciba» oder «von der Geigy» herkommen.

Paradoxerweise erweist sich Ende der 1970er-Jahre der Blick in die eigene Vergangenheit als effiziente Massnahme, um Ciba-Geigy in die Zukunft zu führen. Die Idee, ein Buch über die Zeit der Fusion zu schreiben, besprechen Louis von Planta und Samuel Koechlin 1977 mit Paul Erni, der in diesem Jahr als Kommunikationschef von Ciba-Geigy pensioniert wird. Koechlin bezeichnet ihre Abmachung als «gentlemen's agreement»: Erni soll das Buch selbstständig schreiben, der Konzern wird genügend Exemplare kaufen, damit sich der Aufwand lohnt. Obwohl er sich gegen eine Zensur durch das Unternehmen ausspricht, lässt Koechlin seinen ehemaligen Angestellten spüren, dass es ihm alles andere als egal ist, wie das neue Unternehmen dargestellt wird. Im Sommer 1978 teilt er Erni mit, wie sehr ihm der Prospekt missfällt, mit dem der Verlag Neue Zürcher Zeitung Werbung für das geplante Buch macht. Der Konzernleiter empört sich insbesondere über die prominente Rolle, die Paul seinem Bruder Hans Erni einräumt. Ob Erni sein Werk mit einem Foto des populärsten Malers des Landes schmücken lasse, das müsse er dem Autor «überlassen – persönlich würde ich es nicht tun». Die feine Spitze verrät die Sorge um die Pflege der sprichwörtlichen Basler Diskretion.

1979 erscheint schliesslich Paul Ernis Buch unter dem Titel *Die Basler Heirat*. In den Illustrationen seines Bruders Hans Erni erscheint die beschriebene Fusion als Bund für das Leben. Die assoziativen Figuren sprechen eine ganz andere Sprache als das nüchterne Geigy-Design der 1940er- bis 1960er-Jahre – das Bild einer harmonischen «Basler Ehe» zieht sich durch das faktenreiche Buch, die zuweilen heftigen Spannungen der ersten Jahre kommen nur am Rand zur Sprache.

«Rückblickend darf man feststellen», erklärt Sämi Koechlin kurz nach der Publikation, dass es gelungen sei, «von zwei verschiedenen Ausgangspunkten heraus eine gemeinsame Basis für das weitere Handeln zu finden.» In der heutigen Wirtschaftslage, erklärt der Konzernleiter, wäre das Risiko einer solchen Fusion kaum mehr tragbar. Mit der Publikation von *Die Basler Heirat* legt der Konzern das erste Kapitel der eigenen Geschichte ad acta. Die Auftraggeber von Planta und Koechlin planen gleichzeitig die Zukunft des jungen Sprosses Ciba-Geigy.

«Operation Turnaround»

Eine Inspiration für den angestrebten Richtungswechsel findet Sämi Koechlin im Januar 1978 im Labor von Prosper Loustalot, dem Leiter der medizinischen Forschungsabteilung bei Ciba-Geigy. Wie anregend er ihr Gespräch gefunden hat, teilt er dem Naturwissenschaftler in einem Dankesbrief mit. Den Konzernleiter beschäftigt die Frage, wie die in den Labors hochgehaltene Kreativität in anderen Bereichen des Unternehmens nützlich sein könnte. Die augenscheinliche Zufälligkeit vieler wissenschaftlicher Entdeckungen fasziniert Koechlin. In seinem Brief an Loustalot schlägt er «Serendipität» als einen vielsagenden Begriff vor: «Ist diese ‹faculty of making discoveries› nicht Ausdruck einer Bereitschaft, eines Wachseins – das seinerseits in der Hoffnung gegründet ist, dass mehr ‹da› ist, als wir aus unserem engen Horizont heraus à priori annehmen?» Der Satz ist noch etwas ungelenk, aber er gibt einen Eindruck davon, welches unternehmerische Potenzial Sämi Koechlin in der Kreativität vermutet. Während in der Forschungsabteilung kreatives Denken gefördert wird, scheint ihm in den Büros allzu oft der Dienst nach Vorschrift zu herrschen.

Kurz nach dem Gespräch mit Loustalot kündigt der Konzernleiter auf der Titelseite der Firmenzeitung den Start einer grossen Kampagne zur Förderung der Kreativität an. Den Mitarbeiterinnen und Mitarbeitern erklärt er das mit dem Forscher besprochene Konzept der «Serendipität», ohne das Fremdwort zu bemühen: «Halten Sie sich folgendes Beispiel vor Augen: in der Pharma-Forschung kommt von 10 000 erprobten Substanzen eine einzige im Durchschnitt auf den Markt. Wenn wir das auf kreative Ideen übertragen, müssen wir zufrieden sein, wenn dort wenigstens ein ähnlicher Prozentsatz zum Tragen kommt.» Mit der Kampagne verbindet Koechlin den Wunsch eines Paradigmenwechsels: Im Konzern müsse man den Schritt von «perfekt geschulten Managern zu kreativ denkenden Unternehmern machen». Mit seiner Forderung überwindet er das technologisch anmutende Management der 1960er-Jahre: Kreativität statt Kybernetik, laterales Denken statt systematische Abläufe.

Als aufmerksamer Leser der *Harvard Business Review* kennt Koechlin die neu in Mode gekommene Differenzierung zwischen Manager und Leader – auch für den Anglizismus «Leader» findet er mit «kreativ denkenden Unternehmern» eine einheimische Bezeichnung. Es ist einerseits ein Rückbezug auf die Risikobereitschaft des «klassischen Unternehmers», den Edgar Salin Anfang der 1950er-Jahre beschrieben hat, auf der anderen Seite möchte Koechlin gewiss nicht in die Zeiten des Paternalismus zurückfallen. Im Konzern sollen sich nicht einige wenige, sondern möglichst viele zu Kreativität befähigt fühlen. «Klipp und klar», sagt Koechlin zum Start der Kampagne den Mitarbeiterinnen und Mitarbeitern, «alle sollen kreativ sein.»

Im Zug der Kampagne für Kreativität lädt Sämi Koechlin immer wieder die Presse zu sich ins Büro ein. Die Presse zeigt ihn fortan in einem erstaunlich schlichten Raum. An den hell gestrichenen Wänden hängen Zeichnungen von Pferden, der Lampenschirm ist modisch gemustert, auf dem Sitzungstisch steht ein Fass für den Pfeifentabak. Den Medien diktiert Koechlin Ende der 1970er-Jahre Forderungen wie diese: «Von der Primarschule an wurden wir darauf hin ausgerichtet, Aufgaben, Probleme zu lösen. Wir haben aber nie gelernt, wie man lernt. Wir haben nie gelernt – um es auf unsere industrielle Umwelt zu übertragen –, wie man Chancen sucht. Von dieser einseitigen Fixierung auf Probleme müssen wir uns lösen.»

Um bei Ciba-Geigy die Kreativität zu fördern, setzen Louis von Planta und Samuel Koechlin erneut auf externe Kräfte. Waren es Ende der 1960er-Jahre der Basler Professor Wilhelm Hill und die Beratungsfirma McKinsey, die im Konzern die Notwendigkeit eines Wandels verkündeten, setzt die ehemalige Geigy-Spitze nun auf Exponenten aus amerikanischen und britischen Eliteuniversitäten. Als einen «Katalysator für die Förderung der Kreativität» bezeichnet Koechlin den Bestsellerautor Edward de Bono, der unter anderem in Cambridge lehrt. De Bono hat sich zu dieser Zeit bereits als Management-Guru einen Namen gemacht, in den kommenden Monaten referiert er mehrfach an Konferenzen von Ciba-Geigy. Seinen Kadern lässt Koechlin ein Exemplar seines Buches *Opportunities* schicken, und er bittet sie um einen Essay, in dem sie ihre Leseeindrücke mitteilen. Ihm selbst scheinen die von De Bono beschriebenen Methoden interessant, eine zentralere Rolle sieht er jedoch für den Organisationspsychologen Edgar Schein vor.

Den am Massachusetts Institute of Technology lehrenden Schein lädt Koechlin im Mai 1978 in den Steinacker ein. Der Berater beschäftigt sich mit dem Verhältnis zwischen Mensch und Organisation, sein Modell der «career anchors» sucht nach einem Einklang von individuellen Fähigkeiten und den Aufgaben im Beruf. Kurz nach dem ersten Treffen engagiert Koechlin den Professor und lässt dessen Fragebogen auf Deutsch übersetzen. «Die Chemie zwischen uns stimmte», erinnert sich Schein an das erste Treffen in Burg, «ich fühlte mich sofort wohl im Umfeld von Sam Koechlin und seiner Familie.» Die Übernachtung bei einem Klienten sei eine einmalige Erfahrung geblieben, die Idee empfand Schein gleichwohl «als clevere Leadership, denn letztlich wollte Sam wissen, was für eine Person er seinem Management präsentiert».

Abb. 21

Samuel Koechlin in seinem Büro, 1970er-Jahre

Im Frühjahr 1979 ernennt Ciba-Geigy Schein zum Leiter des General Manager Meeting in Meiringen. Das jährliche Treffen im Berner Oberland ist seit 1971 zu einem Ritual geworden, mit der Auswahl von Schein übernimmt erstmals ein externer Berater den Vorsitz. Koechlin stellt das Treffen ganz in das Zeichen der Kampagne zur Förderung der Kreativität, die Teilnehmer bittet er im Vorfeld, dieses Jahr wirklich alle Termine abzusagen, um sich ganz dem General Manager Meeting widmen zu können. Schein schreibt später, seine Beratung habe nicht zuletzt dazu gedient, die Kader auf die Restrukturierung des Konzerns vorzubereiten. Seine Überlegungen zur Karriereplanung dienen demnach dem Zweck, die gedankliche Flexibilität der Mitarbeiter zu fördern. Im kommenden Jahr wird Schein erneut nach Meiringen eingeladen, im Frühjahr 1980 übernimmt jedoch Hugo Uyterhoeven von der Harvard Business School die zentrale Rolle im Meeting. Der Ökonom versteht sich bestens mit Sämi und Louis von Planta und wird später Verwaltungsrat von Ciba-Geigy, beim General Manager Meeting erhält er die Aufgabe, die wirtschaftliche Lage von Ciba-Geigy zu analysieren. Obwohl der Personalbestand des Konzerns in diesem Jahr einen Höhepunkt von über 81000 Angestellten erreicht und erstmals die Grenze von 10 Milliarden Franken Umsatz knackt, ist das Fazit durchaus beängstigend. Die Gewinne sind seit drei Jahren rückläufig, und die Prognose von Uyterhoeven ist schonungslos: Ciba-Geigy drohe in die Verlustzone zu rutschen, wenn der Geschäftsgang weiterlaufe wie bis anhin. Die Analyse des Harvard-Professors habe das Kader aufgeschreckt, erinnert sich Schein, die anschliessenden Diskussionen in Meiringen beschreibt er als hitzig, zuweilen gar panisch. Das General Manager Meeting von 1980 sei ein Wendepunkt gewesen – die Krise wird erstmals von allen Kadern ernst genommen.

Schein erklärt die Verdrängung der wirtschaftlichen Probleme mit einem klassischen Muster der Psychoanalyse: «Es herrschte zu sehr die Annahme, die Senior Manager, also die Eltern, würden sich um die Probleme kümmern, so wie sie das schon immer gemacht haben.» Der rückläufige Gewinn von Ciba-Geigy gilt demnach als eine Herausforderung, die namentlich Louis von Planta und Samuel Koechlin schon meistern werden. Der alte Paternalismus haust gemäss Schein immer noch in den Köpfen der Mitarbeiter. Erst die «case study» von Uyterhoeven rüttelt die Kader demnach 1980 aus dem Zustand der Verdrängung. Tatsächlich diskutiert die Konzernleitung nun intensiv, welche Massnahmen getroffen werden müssen, um die Rentabilität systematisch zu verbessern. Kurz nach dem General Manager Meeting verkündet Samuel Koechlin öffentlich, dass es einer «Trendumkehr» bedarf, in seinen Jahreszielen schreibt er an erster Stelle: «Oberverantwortung Operation Turnaround». Ende 1980 versammelt Koechlin die Konzernleitung zu einer Klausur, vorab teilt er den Kadern mit, dass die Massnahmen der «Operation Turnaround» angesichts der bereits angespannten Lage rasch umgesetzt werden müssten. Bei der Umsetzung dürfe auf keinen Fall das «penny-wise, pound-foolish»-Syndrom Einzug halten. Die Einsparungen sollen nicht kleinlich, sondern strukturell geplant werden, vielversprechende Investitionen – vor allem die Rekrutierung von «jungen Leuten mit Potenzial» – müssten weiterhin möglich sein. Die nun gefassten Entscheide scheinen dem unterrehmerischen Denken von Sämi voll zu entsprechen: Mit dem Turnaround will die Konzernleitung Ciba-Geigy internationaler ausrichten und den Fokus noch klarer auf die Pharmazie und das Marketing legen. Der Prozess wird in Teilprojekte unterteilt, in eine Zeitspanne von drei Jahren eingeplant und von externen Beratern wie Hugo Uyterhoeven und Edgar Schein begleitet. Das Stammhaus sowie unrentable Divisionen, darunter etwa der zugekaufte Fotochemikalienhersteller Illford, werden im Zuge der «Operation Turnaround» verkleinert. Schein beschreibt die Massnahmen später in verschiedenen Büchern positiv. Mit den vorgenommenen Frühpensionierungen habe Ciba-Geigy zwar die alte Vorstellung einer lebenslangen Anstellung untergraben, doch der Konzern sei bemüht gewesen, den Umbruch sanft zu gestalten. Durch Beratungsgespräche und Pensionspläne habe man das Bild eines sozialen Arbeitgebers gewahrt. Wirtschaftlich ist die «Operation Turnaround» ein Erfolg: 1981 steigt der Gewinn um gut 70 Prozent.

«Der letzte Mann der Familie»

Die Herausforderungen des neuen Jahrzehnts legt Sämi Koechlin in einem langen Interview mit der *Zeitschrift für Organisation* dar, sein Gesprächspartner ist der bekannte Ökonom Knut Bleicher. «Wir müssen akzeptieren, dass der Wechsel heutzutage eine konstante Erscheinung ist, die sich in Zukunft wahrscheinlich noch verstärken wird», erklärt der Konzernleiter. Von den Managern fordere die globale Wirtschaft Schnelligkeit und Härte, aber auch Kreativität und Mut. In der Ciba-Geigy stellt er zwei «Verhaltensweisen» fest, die er als Konzernleiter in Einklang bringen müsse: «Zum einen das Vermeiden von Fehlern. Hier ist unsere Fehlerliste relativ klein. Zum anderen das Ergreifen von Chancen: Hier sehe ich Ansatzpunkte für weitere Verbesserungen.» Nachdem Ciba-Geigy binnen zehn Jahren eine Struktur gefunden habe, seien nun die «Mentalitäts- und Einstellungsfragen» seine grösste Sorge. Bei der Zusammenstellung des Managements unterliege man sehr oft der Versuchung, «denjenigen auszuwählen, der keine Fehler gemacht hat; dabei kann der Pionier, der wagt und dabei auch sein Fehlerrisiko erhöht, auf der Strecke bleiben». Sämi hat in seinen fast 30 Dienstjahren immer wieder Risiken gesucht, sei es die Neuorganisation von Geigy oder die Fusion mit Ciba und schliesslich die «Operation Turnaround» von Ciba-Geigy. Das siebenseitige Interview mit Bleicher bleibt sein Fazit. Es ist nicht nur die ausführlichste, sondern auch die letzte öffentliche Auseinandersetzung von Samuel Koechlin mit der Frage, wie man ein Unternehmen führen soll.

Die «Operation Turnaround» begleitet Sämi bereits als kranker Mann, seine Lunge ist vom Krebs befallen.

Sich deshalb aus der Konzernleitung zurückzuziehen, kommt für ihn nicht infrage, er trägt schliesslich die «Oberverantwortung» für die laufende Restrukturierung. Seine Krankheit behandelt er als ein Tabu. Den jüngeren Kindern erzählt sein Cousin Gilgian Ryhiner, dass ihr Vater krank ist, den älteren teilt Sämi die Diagnose mit, spricht aber nicht über sein Leiden. Ryhiner hat um 1960 bereits seinen Onkel Hartmann Koechlin betreut, zwanzig Jahre später macht «Gilgi» der Zustand seines Cousins grosse Sorgen. Die häufigen Arzttermine absolviert Sämi wie eine Geschäftssitzung: Mit Stift und Block ausgerüstet und Fragen im Kopf. Durch seine Tätigkeit in der Pharma weiss er über die Welt der Medizin besser Bescheid als die meisten Patienten. Mit seinem eigenen Körper hat Sämi zwar wenig Geduld, aber er will unbedingt wieder gesund werden. Den von den Ärzten untersagten Tabakkonsum drosselt er, so gut es geht, ganz von der Pfeife ablassen kann er nicht, und auch die Arbeitslast bei Ciba-Geigy, Sulzer und SKA will er trotz des Lungenkrebses selbstverständlich weitertragen.

Der unausweichlichen Operation unterzieht sich Sämi Koechlin im Mai 1981. Während er sich in den kommenden Monaten in Sudgrove und Burg erholt, übernimmt Louis von Planta interimistisch die Konzernleitung. Bereits im September plant Koechlin den «dosierten Wiedereinstieg», wobei ihm seine Sekretärin Heidi Müri die wichtigste Unterstützung ist. Nach der Operation bringt sie ihm oft Akten nach Burg und bespricht mit dem Chef die Korrespondenz. Seit sie 1976 die Stelle beim Konzernleiter angetreten hat, kümmert sie sich auch um private Geschäfte; egal ob einen neuen Mantel oder Pflanzen für den Garten, ob «Fresspäckli» für den Sohn in der Rekrutenschule oder Geschenke für die Töchter, ob Pferdetransporte im In- oder im Ausland. «Ich musste wirklich sehr viel arbeiten, aber es war kein Druck da, die Atmosphäre war sehr menschlich», sagt Müri und erinnert sich an Skirennen, die sie manchmal gemeinsam im Büro eines Kollegen geschaut haben, oder an eine Reise nach Sudgrove, wo «Dr. Koechlin» den Gästen erklärt habe, man soll

Abb. 22
Samuel Koechlin, frühe 1980er-Jahre

sich bitte selbstständig des feinen Kaffees und des guten Whiskys bedienen.

Der Chef – «‹Dr. SK›, wie er von allen genannt wurde» – sei eine Persönlichkeit gewesen. «Er diktierte selten», erinnert sich Müri, «er sagte mir einfach: Schreiben Sie die Antwort bitte diplomatisch, oder: Schreiben Sie freundlich. Dr. Koechlin war grosszügig, vertraute und schaute einem nicht streng auf die Finger. Er gab mir immer das Gefühl, gleichwertig und geschätzt zu sein.» Die Wertschätzung drückt Koechlin auch in einem Brief aus, in dem er sich bei seiner Sekretärin für alles bedankt, was sie während dieser «widrigen Zeit» der Krankheit für ihn tue.

Seine Krankheit ist nach der Operation augenfällig. Der einst sportliche und zeitweise mit einem kleinen Bäuchlein untersetzte Körper ist mager geworden, die alten Kleider hängen vom Leib. Den Lungenkrebs erwähnt Sämi nicht, gegenüber seinen engsten Vertrauten spielt er die Krankheit herunter; den mühsamen Husten bezeichnet er in Briefen als «Bazillus», die Radiotherapie als eine «Chinesische Tortur». Wie schlecht es ihm tatsächlich geht, behält er für sich. Die «Altersproblematik» im Konzern bespricht Sämi am 14. Februar 1982 mit seinen Weggefährten Louis von Planta und Frank Vischer. Just 20 Jahre nachdem in der damaligen Firma Geigy der Generationswechsel eingesetzt und für die drei Freunde spezifische Aufgaben bereitgestellt hat, macht die Krankheit von Sämi Koechlin nun deutlich, dass in der Ciba-Geigy eine Zeit der personellen Umbrüche vorbereitet werden muss. Vor dem Treffen mit den Verwaltungsräten hält Sämi in einer Notiz fest, dass die Zusammensetzung der Konzernleitung gefährlich sei, denn viele Mitglieder seien ähnlich alt. Es ist dem 56-Jährigen nicht entgangen, dass seine Rekonvaleszenz Begehrlichkeiten geweckt hat. Ein Abtreten eines Vorgesetzten zieht bekanntlich immer ein Sesselrücken nach sich. «Sämi wurde etwas aus dem Amt gedrängt», erinnert sich Frank Vischer. «Ich habe das immer sehr bedauert und versuchte, dagegen anzukämpfen.»

Gegenüber seiner Familie erklärt Sämi die Situation mit einem Bild aus der Tierwelt: Die Wölfe ziehen ihre Kreise immer enger. Die Kontrolle scheint ihm im Frühjahr 1982 binnen weniger Wochen zu entgleiten. Nach aussen verdeckt er seine Krankheit weiterhin so gut es geht, doch die Aktionäre werden and der Generalversammlung nicht nur sehen, dass der Konzernleiter geschwächt ist, sondern können die Sorgen und Zweifel seiner Rede entnehmen. Obwohl er glänzende Zahlen und damit den Erfolg der von ihm eingeleiteten «Operation Turnaround» verkünden kann, erscheint Sämi resigniert, ja geknickt. «In einer Zeit, die mehr und mehr von Ängsten geprägt wird», befindet er im Mai 1982, «wollen wir zuversichtlich einer gewiss nicht rosigen, aber doch für uns alle vorhandenen und verkraftbaren Zukunft entgegensehen». Die Zukunft, die er am gleichen Anlass immer als Chance beschrieben hat, erscheint ihm nun «gewiss nicht rosig» und höchstens «verkraftbar». Es ist die letzte Rede als Geschäftsleiter, einen Monat später lässt Ciba-Geigy in einer Medienmitteilung verlautbaren: «Dr. Samuel Koechlin ist auf eigenen Wunsch aus gesundheitlichen Gründen als Mitglied und Vorsitzender der Konzernleitung zurückgetreten.» Nach seinem Rücktritt betont Sämi in einem Brief an den Leiter des amerikanischen Geschäfts, der Konzern sei «in guter Verfassung», er hätte es sich «nie verziehen, als erste Ratte das sinkende Schiff zu verlassen.»

Der abtretende Konzernleiter war in seinen 30 Dienstjahren eine prägende Figur innerhalb der Schweizer Wirtschaft; davon hat er 18 Jahre in der J. R. Geigy, 12 in der Ciba-Geigy AG verbracht. Bei aller Wehmut bleibt der Trost, das Unternehmen durch die «Operation Turnaround» für die Zukunft gerüstet zu haben.

Am 1. August 1982 übergibt Samuel Koechlin sein Amt an Albert Bodmer. Den Wechsel kommentiert die *Basler Arbeiterzeitung* mit einer Schlagzeile, die eine neue Ära ankündigt: «Machtwechsel bei Ciba-Geigy – mit Sämi Koechlin geht der letzte Mann der Familie.» Die patriarchalische Struktur sei in grossen Unternehmen wie Ciba-Geigy zwar «längst aus der Mode gekommen», schreibt die bekannte Journalistin Toya Maissen, «mit dem Namen Koechlin aber sind Erinnerungen an alte Basler Unternehmenstraditionen verknüpft». Mit dem Rücktritt des Neffen des «berühmten ‹ck› Carl Koechlin» verschwinde nun «(vorläufig?) der traditionsreiche Name Koechlin aus der Liste der Verantwortlichen»; der Einschub «vorläufig?» legt die Frage offen, wie sich die weitere Karriere von «Dr. SK» entwickeln wird. Trotz seiner Krankheit gilt Sämi als prädestinierter Nachfolger des Verwaltungsratspräsidenten Louis von Planta. Nach seinem Rücktritt aus der Konzernleitung wird er umgehend als Verwaltungsrat vorgeschlagen und Anfang 1983 als solcher bestätigt. Für den höchsten Mitarbeiter von Ciba-Geigy ist klar, dass Samuel Koechlin sein legitimer Erbe ist. Angesichts der schwachen Gesundheit von Sämi mahnt von Planta den zurückgetretenen Konzernleiter zur Ruhe und Geduld. «Die völlige Restaurierung Deines Organismus» sei nun das Wichtigste, schreibt er im Oktober 1982 und verweist dabei auf seinen eigenen Rücktritt als Verwaltungsratspräsidenten. 1987 wird er 70 und muss gemäss den Statuten zurücktreten, es bleiben Sämi also fünf Jahre für die Genesung. Die mühsamen Therapien und zig Arztbesuche erscheinen von Planta als einziger möglicher Weg. Er wisse, «dass diese Lösung viel Geduld verlangt und dass sie nicht Deinem Temperament entspricht» – aber, so schreibt der Präsident dem erkrankten Geschäftsfreund nach Burg: «Es wäre unverantwortlich, in der letzten Phase die Geduld zu verlieren und das Erreichte wiederum aufs Spiel zu setzen, denn Du würdest damit weder Dir noch Deiner Familie, noch der Firma einen Dienst leisten.»

   Es ist ein Appell an das Verantwortungsgefühl von Sämi, der Verweis auf den Dienst an der Familie erinnert an die Argumente eines Carl Koechlin. Sämis Onkel hat keine schriftliche Belege dafür hinterlassen, aber es ist wahrscheinlich, dass er Louis von Planta Ende der 1960er-Jahre folgende Aufgabe mit auf den Weg gegeben hat: Der Neffe soll in der

Geschäftsleitung reifen, ehe er die oberste Position in der Firma vom acht Jahre älteren Mentor erben kann. Im Jahr 1987 würde Sämi Koechlin seinen 62. Geburtstag feiern. Es wäre ein adäquates Alter für einen Verwaltungsratspräsidenten.

Ciba-Geigy auf der Couch

Seine Aufgabe in der Firma seiner Vorfahren sieht Sämi noch nicht erfüllt. In den letzten Jahren als Konzernleiter scheint ihm immer klarer geworden zu sein, wie tief das Unternehmen in seiner Tradition wurzelt und wie wichtig die eigene Kultur ist, um ihr Funktionieren zu verstehen. Als eine seiner letzten Amtstätigkeiten hat er Edgar Schein darum gebeten, die Kultur von Ciba-Geigy zu analysieren. Er kennt den amerikanischen Organisationspsychologen durch die 1978 eingeleitete Kampagne zur Förderung der Kreativität und hält ihn dazu geeignet, das Verhalten der Menschen bei der Arbeit zu analysieren; Sämi möchte wissen, welchen Werten sie folgen, wie sie miteinander umgehen, woran sie glauben.

Edgar Schein macht Ciba-Geigy schliesslich zu einem Schulbeispiel für Unternehmenskultur. Der Schweizer Konzern bleibt bis heute ein Beispiel, das der Professor in Büchern und Vorträgen am liebsten verwendet. In der Erstausgabe von *Organizational Culture and Leadership* beschreibt Schein seine Tätigkeit beim Unternehmen «Multi» und die enge Zusammenarbeit mit «Ted Richards». Es sind Decknamen für seinen Auftraggeber und dessen Konzernleiter– in den späteren Editionen seines Standardwerks benennt Schein die «Ciba-Geigy» und «Sam Koechlin» unumwunden. Im Gespräch beschreibt er Sam als bescheiden und «charismatisch», als Konzernleiter habe er die eigene Unternehmenskultur zwar hinterfragt, aber nicht mit ihr gebrochen. «Ich höre niemals jemanden sagen, Sam Koechlin verletze alte Werte oder Grundannahmen», sagt der ehemalige Berater, «aber ich hörte von den Mitarbeitern oftmals, dass ihn die Erfahrungen in Amerika geprägt hätten und er neue Ideen ins Unternehmen bringen wolle. Ich glaube, er wurde damit identifiziert, das Unternehmen auf neue Levels führen zu wollen.»

Die Kultur von Ciba-Geigy hinterlässt bei Schein einen nachhaltigen Eindruck. In seinen Büchern porträtiert er den ehemaligen Auftraggeber als konservativ und geradezu altmodisch – es ist ein Bild, das umso bemerkenswerter ist, da der Konzern in der Schweiz als einer der modernsten gilt. Der Berater reibt sich derweil die Augen ob der prunkvollen Büros und Kantinen in Basel und betont die im Vergleich zu amerikanischen Unternehmen viel steilere Hierarchie. «Ein Job bei Ciba-Geigy war dein persönliches Reich und du warst stolz, es zu kontrollieren», schreibt er. Bei Ciba-Geigy habe man sich wie ein «guter Soldat» hochgearbeitet; die Manager seien loyal, gewissenhaft, zäh. Der Vergleich zwischen der Schweizer Armeewehrpflicht und der hierarchischen Unternehmenskultur wird Schein 1981 schliesslich zum Verhängnis. Als er die von Sämi in Auftrag gegebene Kulturanalyse am General Manager Meeting präsentiert, entzweit sich die Gruppe an seiner Analogie. Im Publikum sitzen zahlreiche Offiziere. Zu den weiteren Beispielen für die anhaltend wichtige Rolle des Dienstgrads zählt neben den in der Konzernleitung zirkulierenden Memos zu militärischen Beförderungen auch der Verwaltungsrat Johann Jakob Vischer; der Nachfahre der Gründerfamilie Geigy war in den 1970er-Jahren Generalstabschef der Schweizer Armee.

Mit dem Vergleich von Wirtschaft und Militär macht sich Schein unbeliebt, seiner Kulturanalyse widersprechen insbesondere ältere Führungskräfte resolut, einige fordern seine Absetzung als Berater. Es ist das letzte Mal, dass Schein nach Meiringen eingeladen wird, ab 1981 beschränkt sich seine Tätigkeit auf einzelne Aufträge für die Personalabteilung. Seine Degradierung erklärt der Organisationspsychologe mit Koechlins Rücktritt aus der Konzernleitung. Sam sei sein wichtigster Fürsprecher gewesen, erinnert sich Schein, die umstrittene Kulturanalyse von Ciba-Geigy sei dem Auftraggeber durchaus zutreffend erschienen.

Die *Bilanz* zum «Daig»

Neben der Analogie zur Schweizer Armee hebt Schein ein weiteres Element der Unternehmenskultur hervor, das in der Ciba-Geigy kaum laut hinterfragt werden darf: das Patriziat der Heimatstadt. In seinen Büchern nennt der Amerikaner den «Daig» die «so-called ‹Basel Aristocracy›» und benennt Privilegien, die dessen Mitglieder im Konzern genossen hätten. Es sei eine Grundannahme gewesen, dass Ciba-Geigy und die «‹Basel Aristocracy›» zusammengehören. Deren Sprösslinge seien im Konzern zweifellos schneller und höher aufgestiegen, als es sich auswärtige Manager hätten erträumen können. «Eine der latenten Funktionen des Geschäfts war die Wahrung dieser Karrieren», schreibt Schein. Es ist eine Einschätzung, die man in Basel nicht gerne hört; wie offen sie der ehemalige Berater ausplaudert, widerspricht dem Gebot der Diskretion, das in Sämis Heimatstadt hoch gehalten wird.

Wie einflussreich die alten Familien immer noch seien, wird in den 1980er-Jahren mitunter unverblümt gefragt. Dem Thema widmet etwa die Zeitschrift *Bilanz* 1984 ein viel beachtetes «Daig-Spezial». Wie verpönt das journalistische Interesse in der Basler Oberschicht ist, führt die *Bilanz* anhand von Sämis Freund Martin Burckhardt vor. «Dr Daig, isch das e Thema?», habe der bekannte Architekt auf die Bitte um ein Interview lapidar geantwortet. Die Gegenfrage von Sämis Cousin ist natürlich rhetorisch. Nein, sagt der Insider, «dr Daig», das ist kein Thema. Im Hauptartikel des Beitrags zum Basler Patriziat schreiben die Journalisten gleichwohl: «Sie heissen Burckhardt oder Sarasin, Iselin oder Merian, Vischer, Paravicini, Werthemann, Alioth, Staehlin, Koechlin, Christ, Oeri, Sacher oder Geigy.» Neben der Einleitung prangt eine sinnbildliche Collage: Ein Klumpen Teig klebt in den Strassen der Altstadt, daraus gestochen ein Baslerstab. In ihrem Text heben die Autoren Werte hervor, die Sämi Koechlin von jeher kennt: Distinktion und Diskretion. In Basel spende man zwar grosszügig Geld an Museen oder an den Zoo, würde sich damit aber nie brüsten, steht in der *Bilanz*. «Man» sei nach aussen hin «nicht verschwenderisch – manche sagen sogar, ‹me› sei ausgesprochen geizig»; zur Illustration der protestantischen Ethik fügen die Journalisten eine Anekdote an: Taxifahrer würden in Basel das 20-Rappen-Stück spöttisch «Gellert-Fränggli» nennen – und damit auf das magere Trinkgeld verweisen, das in Sämis ehemaligem Wohnquartier Gellert zu befürchten sei.

Zu den Autoren des «Daig-Spezial» zählt der ebenfalls einer alten Basler Familie entstammende Philipp Sarasin. In seinem Beitrag legt der junge Historiker Erkenntnisse dar, die er später in *Stadt der Bürger* verfeinert. In seinem Standardwerk zur jüngeren Geschichte des Basler Patriziats konstatiert Sarasin, der sogenannte Daig habe seit dem Ende des Ersten Weltkriegs kontinuierlich an Einfluss verloren. Es ist eine Einschätzung, die in der Öffentlichkeit nur teilweise geglaubt wird. Basel bleibe «vom Daig geprägt» betont denn auch die *Bilanz*. Das Patriziat beherrsche zwar nicht mehr «die ganze Stadt», aber insbesondere in der Wirtschaft namentlich bei Roche, dem Bankverein, Sarasin oder Ciba-Geigy – erscheine der Einfluss «noch ungebrochen».

Welche Basler im Jahr 1984 am meisten Macht haben, versucht die Zeitschrift mit dem Beitrag «Die Einflussreichen» abzubilden. Durch seine Verwaltungsratsmandate bei Ciba-Geigy, der Schweizerischen Kreditanstalt und Sulzer landet Samuel Koechlin auf dem dritten Rang der Liste. Unter den 17 genannten «Trägern von altbaslerischen Namen» finden sich ausschliesslich Männer – Schweizer Frauen haben noch lange keine Aussicht auf Sitze in der Führungsspitze; egal was für einen Namen sie tragen. Unter den aufgelisteten «Einflussreichen» findet Sämi eine Reihe von Ciba-Geigy-Verwaltungsräten und seine Freunde Guy Sarasin und Frank Vischer, vor ihm placiert sind sein Weggefährte Louis von Planta-Ehinger und an erster Stelle Félix Emanuel Iselin-Mylius. Der Spitzenreiter unter den «Einflussreichen» ist der Mann einer ehemaligen Schwägerin von Sämis Schwester Eliot, die 1978 verstorben ist.

Die Auflistung als einer der «Einflussreichen» mag Sämi Koechlin unangenehm sein, zumal er sich, seinem Namen zum Trotz, von der Lebenswelt verabschiedet hat, die im «Daig-Spezial» der *Bilanz* beschrieben wird. «Sämi hat sein Leben nach dem eigenen Gusto geführt», betont sein Weggefährte Frank Vischer, «dieses war nicht unbedingt konform mit den Vorstellungen alter Familienclans.» Bei Geigy und Ciba-Geigy setzte sich Koechlin ab 1965 dafür ein, dass die Herkunft bei Beförderungen an Bedeutung verliert. Es ist bemerkenswert, dass es ausgerechnet der Nachfahre einer Reihe von Basler Patrons ist, der dafür kämpft, dass ein patrizischer Name zwar gewiss kein Hindernis, aber nicht eine Voraussetzung für eine Topkarriere ist.

«À demain, Sämi»

Dass Sämi die Erwartungen an den eigenen Namen oftmals als Last erschienen sein müssen, hat sein Geschäftspartner Louis von Planta präzise beobachtet. «Für einen Aussenstehenden schien Samuel Koechlins berufliche Laufbahn durch sein Herkommen, seine Ausbildung und seine geistigen Gaben klar vorgezeichnet und gegeben», befindet der langjährige Verwaltungsratspräsident. «Dass er selber dies nicht so sah, wissen alle, die ihn näher kannten – er wollte keine Geschenke im Leben, er wollte sein Leben selber gestalten.» Zwischen dem Wunsch nach Selbstbestimmung und dem Pflichtgefühl gegenüber dem Unternehmen vermutet von Planta eine Kluft; Sämi habe «aus dieser Konfliktsituation heraus» in der Öffentlichkeit «oft zurückgezogen und introvertiert» gewirkt. Aufmerksamkeit und Empathie erscheinen im Nachruf als wesentliche Charaktereigenschaften von Sämi Koechlin: «Er konnte zuhören», sagt der Verwaltungsratspräsident, «er konnte begeistern und war als Vorgesetzter wie ein Freund, zwar auf Distanz, aber nie von oben herab.»

Seit seinem Rücktritt aus der Konzernleitung reist Sämi immer seltener von Burg nach Basel. Vom

Steinacker aus sieht er die modernen Bürokästen und neuen Wohnblöcke am Rhein, dazwischen ragen immer noch einige Industrieschlote in die Höhe. Obwohl die Heimat nur 20 Kilometer entfernt liegt, erscheint sie ihm auf seinen Wegen durch die Natur des Leimentals klein und fern. Wie von seinen Ärzten angeordnet, macht er Wassergymnastik im Pool. Er spaziert und liest viel, seine Briefe sind nun seltener und weniger zackig als damals als Konzernleiter, dafür persönlicher und länger. Seit dem 30. Oktober 1981 ist er Grossvater von Rebecca, drei Jahre später kommt ihre Schwester Sarah zur Welt. Bei ihren Eltern Catherine und Roland Schmid-Koechlin erkundet sich Sämi oft, wie es den Mädchen gehe. Zehn seiner zwölf Enkel werden erst nach seinem Tod zur Welt kommen, sie heissen David, Helen, Salome, Julian, Samuel, Benjamin, Adèle, Michael, Max, Matthias. Bei der Partnerwahl seiner Kinder mischt sich Sämi nicht ein, die standesgemässen Eheschliessungen scheinen ihm ein Relikt vergangener Tage.

  Seine Enkelinnen sind ihm eine grosse Freude, aber auch als Grossvater vermag Sämi das Familienleben alleine nicht auszufüllen. Nach seinem Rücktritt aus der Konzernleitung klammert er sich an die Arbeit, die ihm noch bleibt. Über die Entwicklungen in Wirtschaft und Politik bleibt er stets informiert, seine Verwaltungsratsmandate bei Ciba-Geigy, SKA und Sulzer nimmt er trotz seiner Krankheit überaus ernst. Während sich die Bank langsam vom «Chiasso-SKAndal» zu erholen scheint und die Ciba-Geigy seit der «Operation Turnaround» gute Zahlen schreibt, bereitet ihm die Restrukturierung von Sulzer Sorgen. In einem Brief äussert er die Befürchtung, dass sich sein langjähriger Geschäftsfreund Armin Baltensweiler als neuer Präsident von Sulzer «sehr allein» fühle – wie schwierig der Umbau einer alten Familienfirma ist, weiss er durch den Generationswechsel bei Geigy nur zu gut. Bei der anstehenden Verjüngung der Spitze von Ciba-Geigy spielt Sämi angesichts der Krebserkrankung nurmehr eine Nebenrolle. Schwach, wie er ist, wird es immer unwahrscheinlicher, dass der prädestinierte Verwaltungsratspräsident 1987 Louis von Planta beerben kann. Sämi kämpft mit aller Kraft gegen die Krankheit, schliesslich aber sagt er in Reminiszenz an *The Old Man and the Sea* von Ernest Hemingway: «I'm tired of fighting that fish.»

Alphons Samuel Koechlin stirbt am 25. Januar 1985 wenige Wochen vor seinem 60. Geburtstag. Sein Grab liegt in Miserden neben jenem seiner Frau Patricia, die am 27. Februar 1996 verstorben ist. Die Abdankungen finden in der Schweiz und in Grossbritannien statt. Beide Länder sind für seinen Freund eine Heimat gewesen, sagt Martin Burckhardt in der Martinskirche, wo Samuel 1951 seine erste Ehe mit Christiane geschlossen hatte. In England habe sich Sämi besonders wohlgefühlt, egal ob im Pub, auf der Fuchsjagd oder beim Picknick. Der Cousin sei als Geschäftsmann und als Sportler erfolgreich gewesen, doch «vor allen Dingen war er ein Freund», sagt Burckhardt, «ein Freund, der gemeinsamen schwierigen Momenten lieber mit einem Lächeln als mit Klagen entgegentrat.» Die Trauerrede endet mit den Worten, die er Alphons Samuel Koechlin jeweils vor dem Schlafengehen sagte: «À demain, Sämi.»

Abb. 23

Samuel Koechlin in England

Epilog

Die Idee zu dieser Biografie stammt von Dominik Koechlin. Er ist der Sohn von Samuel Koechlin und der Vater meiner Frau Helen. Wenige Monate nachdem wir das erste Mal über das Leben von Sämi gesprochen haben, ist Dominik am 12. Juli 2015 verstorben. Bei unseren Treffen hat er die hier präsentierten Informationen aufgesogen. Er hat immer viele Fragen gestellt, spontan eigene Erinnerungen angefügt und dann und wann befunden, es sei schon augenfällig, wie sehr sich sein Lebenslauf und jener von Sämi gleichen würden. Dominik hätte gerne als Erwachsener, auf Augenhöhe, mit seinem Vater gesprochen, über den Sinn und Zweck der Zusammenarbeit, über Wirtschaft und Politik, über das Leben. Das Leben des bekannten Wirtschaftskapitäns ist für ihn schwierig zu begreifen; als sein Vater verstirbt, ist er 25 Jahre alt.

«Babbe» sei immer viel unterwegs gewesen, so drückt es Dominik einmal aus. Als Bub sieht er Sämi meist nur kurz, nach der Scheidung seiner Eltern vor allem im Leimental oder in den britischen Cotswolds. Die Besuche dort findet er bald langweilig. Mit den Pferden, die überall umherrennen, kann er herzlich wenig anfangen. In guter Erinnerung bleiben ihm die aufwendigen Reisen oder die Spritztour im sportlichen VW Scirocco, den Sämi Ende der 1970er-Jahre schweren Herzens gegen seinen alten Käfer eintauscht. Kurz darauf reist Dominik auf eigene Faust mit einem Freund durch Afrika. Die Büros von Ciba-Geigy sind Fixpunkte auf ihrer Route. Die Leiter dort werden jeweils ganz nervös, wenn sich die Ankunft des Sohns von Samuel Koechlin verspätet. Welche Aufregung ein Telegramm von «Dr. SK» mit dem knappen Inhalt «Où est mon fils?» im fernen Mali nach sich zieht, vergisst Dominik nicht.

Wie die Mitarbeiter, aber auch Menschen im Alltag auf den Vater reagiert haben, zeichnet Dominik – ansonsten selbst «ein Mann der treffenden Worte», wie eine Zeitung einmal schreibt – mit seinen Händen nach. Er dreht sie dann sanft, hebt sie etwas über den Kopf und sagt, Sämi habe vielleicht dieses «gewisse Etwas» gehabt. Was es ist, lässt sich nicht in Worte fassen. Vielleicht eine Mischung aus Humor und Disziplin, Charisma und Macht, Empathie und Selbstsicherheit?

Dieses «gewisse Etwas» begleitet auch Dominik Koechlin auf seinem Weg zu einem einflussreichen Mann in der Schweizer Wirtschaft. Als junger Mann lebt er in Bern, wo er neben dem Jurastudium als Taxifahrer jobbt und als Libero leidenschaftlich Fussball spielt. Die Karriere im Militär beendet er – zum Schrecken seines Vaters – als einfacher Soldat. Die Skepsis gegenüber der Armee passt zur Generation von Dominik. Welche Erwartungen mit seiner Herkunft immer noch verknüpft werden, merkt er, als ihn Louis von Planta in die Ciba-Geigy einlädt. Der Weggefährte des Vaters möchte Dominik von einer Karriere in jener Firma überzeugen, die so lange mit der Familie Koechlin verbunden wurde. Bei ihrem Treffen verweist der Verwaltungsratspräsident auf die alten Basler Traditionslinien, in der nach Samuel Koechlin nun eigentlich dessen einziger Sohn an der Reihe wäre. Der Vorschlag, dem Urgrossvater, Grossvater und Vater in die Firma zu folgen, setzt den jungen Mann unter Druck; dass er Nein sagte zu einer Karriere in der chemisch-pharmazeutischen Industrie, habe sich wie eine riesige Befreiung angefühlt, erinnert sich Dominik später.

Nach der Promotion und dem Berufseinstieg bei der Basler Privatbank Sarasin absolviert Dominik 1988 – unterdessen erstmals Vater geworden – einen MBA am INSEAD in Fontainebleau. Er spezialisiert sich während der Ausbildung zum Manager auf Umweltfragen und gründet bald ein entsprechendes Beratungsbüro. In den 1990er-Jahren wechselt er den Fokus auf die Telekommunikation. Bei der damaligen Post, Telefon, Telegraf (PTT) wird Dominik Koechlin Mitglied der Geschäftsleitung und prägt als Strategiechef die Anfänge der Swisscom mit. Es ist ein steiler Aufstieg. Der wichtigste Leitsatz, den er dabei mit sich trägt, stammt von seinem Vater: «Verwechsle nie einen Menschen mit seiner Rolle.» Die Machtspiele in den Führungsriegen sind Dominik zuwider, in einem Interview sagt er unumwunden, das Management sei nie sein Ding gewesen. Ob sein Vater glücklich war in der Konzernleitung von Ciba-Geigy, scheint ihm fraglich, den sensiblen Pfeifenraucher konnte er sich nicht als kühlen Manager vorstellen.

Wie viele seiner Vorfahren nimmt auch Dominik Koechlin eine beeindruckende Vielzahl von Aufgaben auf sich. Nach der Tätigkeit in der Geschäftsleitung der Swisscom konzentriert er sich nach der Jahrhundertwende auf Mandate in Aufsichtsorganen, darunter im Universitätsrat Basel und in den Verwaltungsräten von so unterschiedlichen Unternehmen wie dem Software-Entwickler Avaloq, der Bank LGT, dem Fundraiser Corris oder dem Chemiekonzern Clariant. Ein Unternehmen, das er von Anfang an und mit Enthusiasmus begleitet und das seinem Anspruch, etwas von den Privilegien zurückzugeben, gerecht wird, ist Changemaker, eine Reihe von kleinen Läden mit Artikeln aus ökologisch nachhaltiger und sozial gerechter Produktion. Ein anderes Unternehmen, das ihn fasziniert, ist Swissmetal; auch hier wird Dominik Verwaltungsrat. Ihr Mann habe sich gefreut wie ein Bub, als sie einmal gemeinsam durch die Werkhallen des Industrieunternehmens schritten und die ausgeklügelten Maschinen betrachteten, erinnert sich Katharina Balmer Koechlin. «Weisch», habe Dominik gesagt, «hie wird produziert, die mache no öppis – das bruchemer ir Schwiz o!» Kurz darauf wird der gesamte Verwaltungsrat von Swissmetal abgesetzt und das Unternehmen 2013 an eine chinesische Investorengruppe verkauft. Zu dieser Zeit ist Dominik bereits Verwaltungsratspräsident von Sunrise. Beim Telekommunikationsanbieter bemüht er sich ab 2010 um einen besseren Kundendienst und den Ausbau des Mobilnetzes. Kurz vor seinem Tod führt er Sunrise erfolgreich an die Schweizer Börse.

Seinen Lebensmittelpunkt verlegt Dominik im Laufe seines Lebens von Bern nach Basel. Je nach Gegenüber spricht er am ein und denselben Tisch abwechslungsweise Berndütsch und Baseldytsch. An der Abdankung, die in Riehen und damit in Dominiks erstem und letztem Wohnort stattfindet, sagt sein langjähriger Freund Fritz Mumenthaler in Berner Mundart: «Du hesch uf jede chönne iigaa und hesch Di für aus und für jedes interessiert.» Das erste Wort, das Lucas Koechlin – ein Basler Freund, der einem anderen Zweig der Familie Koechlin entstammt – zu Dominik in den Sinn kommt, ist «Verbindlichkeit». Der Freund habe gespürt, wenn dem Gegenüber etwas wichtig war, und auch dann nachgehakt, wenn es unangenehm wurde. Wie ernst Dominik die Sorgen seiner Mitmenschen genommen hat, durfte ich ebenso erleben wie seine Fähigkeit, eine traurige Situation mit einem trockenen Sprachwitz aufzulockern.

Dominik Koechlin ist Vater von Helen, Samuel, Adèle, Michael und Matthias. Seiner ältesten Tochter Helen gilt mein erster Dank für unser gemeinsames Glück. Ich blicke voller Freude auf unsere Zukunft als Eltern; bald ist es so weit. Mein Dank geht auch an Dominiks Frau Katharina, seine Mutter Christiane und seine Schwestern Catherine, Sibylle, Monica und Lucysie alle haben dieses Projekt mit Vertrauen und Offenheit bis zu seinem Abschluss weitergetragen. Von Anfang an dabei war Benjamin Ganz, Enkel von Sämi Koechlin und Gestalter dieser Publikation – herzlichen Dank für den offenen Austausch und die Kreativität.

Mein Dank gilt auch den Zeitzeugen Margrit Diem, Pascal Geyer, Hartmann P. Koechlin, Klaus Leisinger, Heidi Müri, Guy Sarasin, Hans-Peter Schär, Edgar Schein, Henry Strage sowie Frank Vischer, dessen Familie ich an dieser Stelle mein Beileid mitteilen möchte; der Weggefährte von Samuel Koechlin ist kurz nach unserem Interview verstorben. Dann möchte ich selbstverständlich den verschiedenen Archivarinnen und Archivaren, insbesondere dem hilfsbereiten Team von Novartis (Florence Wicker, Philipp Gafner, Walter Dettwiler) danken. Für inhaltliche Hinweise, nicht publizierte Texte und Archivmaterialien danke ich Alexander Bieri, Florian Gelzer, Adrian Knoepfli, Lucas Koechlin, Lionel Loew, Fritz Mumenthaler, André Salvisberg, Alexis Schwarzenbach und Magaly Tornay. Die Arbeit am Manuskript in verdankenswerter Weise begleitet und durch kritische Rückmeldungen bereichert haben Alain Gloor, Urs Hafner und Mario König sowie Urs Hofmann und Laura Simon vom Verlag NZZ Libro.

Dieses Buch ist Dominik Koechlin gewidmet. Sein hier porträtierter Vater Samuel hat die eigene Lebensphilosophie einmal mit dem Vorsatz umrissen, durch das eigene Leben «langfristig eine Verbesserung herbeizuführen». Dominik hat später einen Satz von Seneca auf ein weisses Blatt Papier geschrieben, der zu diesem Anspruch passt: «Nicht weil es schwer ist, wagen wir es nicht, sondern weil wir es nicht wagen, ist es schwer.»

Boston, 30. November 2016
Tobias Ehrenbold

Anhang
Quellen und Literatur

INTERVIEWS
(Verhältnis zu Samuel Koechlin, Datum Interview)

Katharina Balmer Koechlin (Schwiegertochter, 18.8.2016)
Margrit Diem (Nachbarin in Burg, 12.8.2015)
Sibylle Ganz-Koechlin (Tochter, 11.12.2015)
Christiane Gelzer (erste Ehefrau, 24.3.2015)
Pascal Geyer (Angestellter Steinacker, 14.5.2015)
Dominik Koechlin (Sohn, 6.3.2015, 17.4.2015, 30.4.2015, 11.6.2015)
Hartmann P. Koechlin (Bruder, Mitarbeiter Geigy und Ciba-Geigy, 3.6.2015)
Lucy Koechlin (Tochter, 22.5.2016)
Monica Koechlin (Tochter, 4.5.2016)
Klaus Leisinger (Mitarbeiter Geigy und Ciba-Geigy, 15.3.2016)
Heidi Müri (Mitarbeiterin Ciba-Geigy, 16.4.2015)
Guy Sarasin (Freund, 14.5.2015)
Hans-Peter Schär (Mitarbeiter Geigy und Ciba-Geigy, 13.4.2015)
Edgar Schein (Berater Ciba-Geigy, 11.4.2015)
Catherine Schmid-Koechlin (Tochter, 10.1.2016)
Henry Strage (Freund und Berater Geigy, 15.5.2015)
Frank Vischer (Freund und Verwaltungsrat Geigy und Ciba-Geigy, 14.4.2015)

ARCHIVALIEN

FIRMENARCHIV DER NOVARTIS AG

FB 1, Dr. Ernst G. Hockenjos (1905–1987).
FB 1, Ernst Kober (1916–1990).
FB 2/1, Familie Koechlin.
FB 2/3, Biografisches Dr. Hartmann Koechlin (1893–1962).
FB 2/4, Biografisches Dr. h. c. Carl E. Koechlin (1889–1969): Korrespondenz, Mein Lebenslauf, Erinnerungen aus meinem Leben, Todesfall.
FB 2/5, Biografisches Samuel Koechlin (1925–1985): Korrespondenz 1951–1955, Kassationsentscheid 1991, Trauerfeier, Presse, Umorganisation 1962–1964
FB 2/5a, Ansprachen 1966–1976.
FB 2/5b, Reiseberichte 1956–1969.
FB 2/5c, Interna 1970–1975.
FB 2/5d–g, Geschäftliche Privatkorrespondenz 1976–1983.
FB 2/5l, Reorganisation 1962/63, Spenden 1962–1979, Korrespondenz 1978–1984.
GL 26/27, Geschäftsleitung 1969–1970.
KL 3, Mäppchen zu Samuel Koechlin.
MD 4.03, KL Marketing-Seminar 1979.
PH 8, Division Pharma, 1971.
PP 12/4, Produktion Pharma.
Protokolle Verwaltungsrat 1961–1970.
ST 4, Zentraler Stab, Planungskoordination Georg Huber.
VR 3, Verwaltungsrat Louis von Planta.
VR 4.01, Louis von Planta.

PRIVATE SAMMLUNGEN

Pascal Geyer: Persönliche Notizen.
Monica Koechlin: Brief Robert Boehringer an Hartmann Koechlin, 30.12.1957.

SCHWEIZERISCHES WIRTSCHAFTSARCHIV, BASEL

Banken 1734, Bâloise Holding Basel: Geschäftsberichte, Zeitungsausschnitte.
Banken 384, Schweiz. Kreditanstalt Zürich: Geschäftsberichte, Zeitungsausschnitte.
Biogr. Robert Boehringer.
Biogr. Wilhelm Hill.
Biogr. Robert Käppeli.
Biogr. Carl E. Koechlin-Vischer.
Biogr. Samuel Koechlin.
Biogr. Louis von Planta.
H+I Bf 1, J. R. Geigy AG Basel: Geschäftsberichte, Zeitungsausschnitte.
H+I Bf 168, Ciba-Geigy AG Basel: Geschäftsberichte, Zeitungsausschnitte.
H+I Bg 2, Sulzer Winterthur: Geschäftsberichte, Zeitungsausschnitte.

STAATSARCHIV BASEL-STADT

BSL 1013 3-5-82 Nationale Military, Geländeritt, 1959.
Diverse Lebensläufe, u. a. Marguerite Koechlin-Ryhiner, Hartmann Koechlin-Ryhiner, Albert Mylius-Passavant, Albert Riedweg-Koechlin, Fortunat von Planta-Riggenbach.

ZEITUNGEN UND ZEITSCHRIFTEN

Basler Nachrichten, 1956-1970.

Basler Zeitung: «Dominik Koechlin, ein Mann der treffenden Worte», 14. 7. 2015.

Beobachter: «Die Menschenversuche von Münsterlingen», 7. 2. 2014.

Bilanz: «Daig-Spezial», November 1984.

Dies.: «Dominik Koechlin: mit leisen Tönen», 16. 2. 2015.

Ciba-Geigy Zeitung: diverse Artikel über Samuel Koechlin, u. a. 26. 1. 1976, 3. 10. 1978,

16. 10. 1979, 2. 1. 1980, 29. 1. 1980, 29. 1. 1985.

(Das) Werk: «Verwaltungsgebäude der J. R. Geigy AG in Basel», 1958.

Die Zeit: «Edgar Salin, der letzte Humanist», 9. 4. 1993.

Documenta Geigy, Acta Psychosomatica, 1957-1962.

Das Tier, Grzimeks und Sielmanns Internationale Zeitschrift für Tier, Mensch und Natur: «Hoffnungsschimmer für die sanften Riesen», September 1981.

International Management, A McGraw-Hill Publication: «Ciba-Geigy's top executives reassess their firm's future», März 1973.

Issues & Observations, Center for Creative Leadership: «Restructuring for Innovation», November 1981.

Kinderkrankheiten, Materialien für die Autonomie, 1978-1980.

Long Range Planning: «Changing the Company Culture at Ciba-Geigy», 1993.

National-Zeitung, 1956–1970.

Neue Zürcher Zeitung, 1925–1985.

Dies.: Dominik Koechlin, «Ein humorvoller Querdenker», 13. 7. 2015.

Pharmaceutical Executive: «Doug Watson, Ciba-Geigy's Health Care Evolution», Oktober 1986.

Werkzeitung Geigy: «Was bedeutet die Neuorganisation für uns?», Januar 1968.

Women and Home: «A Day with Pat Smythe», April 1967.

Zeitschrift für Organisation: «Interview mit Samuel Koechlin», 1980

Anmerkung:
Artikel aus den Sammlungen des Schweizerischen Wirtschaftsarchivs nicht aufgelistet.

BÜCHER UND AUFSÄTZE

Anna Bàlint: *Sulzer im Wandel, Innovation aus Tradition*, Baden 2015.

Thomas Beirsteker: *Distortion or development? Contending perspectives on the multinational corporation*, Cambridge 1978.

C. H. Boehringer Sohn (Hg.): *Boehringer Ingelheim*, Ingelheim 1973.

Robert Boehringer: *Der Genius des Abendlandes*, Düsseldorf 1970.

Jürg Bürgi, Al Imfeld: *Mehr geben, weniger nehmen. Geschichte der Schweizer Entwicklungspolitik und der Novartis-Stiftung für Nachhaltige Entwicklung*, Zürich 2004.

Alfred Bürgin: *Geschichte des Geigy-Unternehmens von 1758 bis 1939, ein Beitrag zur Basler Unternehmer- und Wirtschaftsgeschichte*, Basel 1958.

Ders.: «Geigy – eine baslerische Unternehmerfamilie. Zum 200 jährigen Bestehen der J. R. Geigy AG», in: *Basler Stadtbuch*, Basel 1959.

Katharina Brandenberger: *Psychiatrie und Psychopharmaka: Therapien und klinische Forschung mit Psychopharmaka in zwei psychiatrischen Kliniken der Schweiz, 1950–1980*, Zürich 2012.

Lucius Burckhardt, Max Frisch, Markus Kutter: *achtung: Die Schweiz*, Basel 1955.

Thomas Busset, Andrea Rosenbusch, Christian Simon (Hg.): *Chemie in der Schweiz: Geschichte der Forschung und der Industrie*, Basel 1997.

Rachel Carson: *Silent spring*, Boston 1962.

Alfred Chandler, Jr.: *The visible hand, the managerial revolution in American business*, Cambridge 1977.

Ciba-Geigy AG (Hg.): *Tofranil (Imipramin)*, Basel 1970.

Dies.: *Erkrankung und Behandlung der Depression in der Praxis*, Basel 1976.

Edward de Bono: *New think, the use of lateral thinking in the generation of new ideas*, New York 1968.

Ders.: *Opportunities, a handbook for business opportunity search*, London 1978.

Walter Dettwiler: *Von Basel in die Welt. Die Entwicklung von Geigy, Ciba und Sandoz zu Novartis*, Zürich 2013.

Peter Drucker: *Concept of the Corporation*, New York 1946.

Ders.: *The practice of management*, New York 1954.

Paul Erni: *Die Basler Heirat, Geschichte der Fusion Ciba-Geigy*, Zürich 1979.

Carl Eugster: *Wachstumsplanung bei Geigy*, Bern 1969.

Susanna Forrest: *If wishes were horses, a memoir of equine obsession*, London 2012.

Martin Forter: *Farbenspiel, Ein Jahrhundert Umweltverschmutzung durch die Basler Chemie*, Zürich 2000.

Geigy: *Organisation Januar 1968*, Basel 1968.

Peter Gloor et al. (Hg.): *Vischer – 150 Jahre für das Recht*, Basel 2007.

Gary Greenberg: *Manufacturing Depression, the secret history of a modern disease*, New York 2010.

Elizabeth Haas Edersheim: *McKinsey's Marvin Bower: Vision, leadership, and the creation of management consulting*, New York 2004.

Olle Hansson: *Arzneimittel-Multis und der SMON-Skandal: Die Hintergründe einer Arzneimittelkatastrophe*, Berlin, Basel, Affoltern 1979.

Ders.: *Ciba-Geigy intern*, Zürich 1987.

Raya Hauri: «Das ‹Paradies› in der Aeschenvorstadt», *in: Domus Antiqua*, 2010.

David Healy: *The Antidepressant Era*, Cambridge 1997.

Susanne Hilger: *«Amerikanisierung» deutscher Unternehmen: Wettbewerbsstrategien und Unternehmenspolitik bei Henkel, Siemens und Daimler-Benz (1945/1949–1975)*, Stuttgart 2004.

Wilhelm Hill: *Unternehmensplanung*, Stuttgart 1966.

Ders.: *Förderung von Führungskräften in der Unternehmung (Management development)*, Bern 1968.

Urs Hofmann: *Innenansichten eines Niedergangs. Das protestantische Milieu in Basel von 1920 bis 1970*, Baden 2013.

Isaak Iselin, «Philosophie und patrotische Träume eines Menschenfreunds», in: Florian Gelzer (Hg.): *Schriften zur Politik*, Basel 2014.

Beat Jann: «Old-Boy Network. Militärdienst und ziviler Berufserfolg in der Schweiz», in: *Zeitschrift für Soziologie*, April 2003.

Andres Janser, Barbara Junod (Hg.): *Corporate Diversity, Schweizer Grafik und Werbung für Geigy, 1940–1970*, Baden 2009.

Joseph Jung: *Von der Schweizerischen Kreditanstalt zur Credit Suisse Group*, Zürich 2000.

Monica Kalt: *Tiersmondismus in der Schweiz der 1960er und 1970er Jahre: Von der Barmherzigkeit zur Solidarität*, Bern 2010.

Jörg Kern, Ernst Sury (Hg.): *Die Katze aus dem Sack gelassen: Ciba-Geigy, Selbstkritische Betrachtungen in Bild und Wort drei Jahre nach der Fusion, mit Zeichnungen von Hans Geisen*, Basel 1973.

David Kinkela: *DDT and the American century. Global health, environmental politics, and the pesticide that changed the world*, Chapel Hill 2011.

Matthias Kipping et al. (Hg.): *Management consulting, emergence and dynamics of a knowledge industry*, Oxford 2002.

Michael Kissener: *Boehringer Ingelheim im Nationalsozialismus, Studien zur Geschichte eines mittelständischen chemisch-pharmazeutischen Unternehmens*, Stuttgart 2015.

Samuel Koechlin: *Schutz und Rechte der Minderheiten im schweizerischen Aktienrecht*, Basel 1949.

Diemuth Koenigs: *Carl Koechlin (1856–1914)*, Basel 2003.

Mario König: *Besichtigungen einer Weltindustrie – 1859 bis 2016*, Basel 2016.

Georg Kreis / Beat von Wartburg (Hg.): *Basel: Geschichte einer städtischen Gesellschaft*, Basel 2000.

Dies. (Hg.): *Chemie und Pharma in Basel*, Basel 2016.

Konrad Kuhn: *Entwicklungspolitische Solidarität: Die Dritte-Welt-Bewegung in der Schweiz zwischen Kritik und Politik 1975–1992*, Zürich 2011.

Patrick Kury: *Der überforderte Mensch, eine Wissensgeschichte vom Stress zum Burnout*, Frankfurt am Main 2012.

Markus Kutter: *Geigy heute. Die jüngste Geschichte, der gegenwärtige Aufbau und die heutige Tätigkeit der J.R. Geigy A.G., Basel, und der ihr nahestehenden Gesellschaften*, Basel 1958.

Ders.: *Abschied von der Werbung, Nachrichten aus einer unbekannten Branche*, Niederteufen 1976.

Ders.: Werbung in der Schweiz: *Geschichte einer unbekannten Branche*, Zofingen 1983.

Pamela Walker Laird: *Pull – Networking and Success since Benjamin Franklin*, Cambridge 2006.

Georg Landmann (Hg.): *Wie ihn jeder erlebte: Zum Gedenken an Robert Boehringer*, Basel 1977.

Martin Lüpold: *Ausbau der «Festung Schweiz»: Aktienrecht und Corporate Governance in der Schweiz, 1881–1961*, Zürich 2010.

Aram Mattioli (Hg.): *Intellektuelle von rechts. Ideologie und Politik in der Schweiz 1918–1939*, Zürich 1995.

Christopher McKenna: *The World's Newest Profession: Management Consulting in the Twentieth Century*, Cambridge 2006.

Donella Meadows et al.: *The limits to growth*, New York 1972.

Lukas Meier: *Swiss Science, African Decolonization and the Rise of Global Health, 1940–2010*, Basel 2014.

Joanna Moncrieff: *The myth of the chemical cure: A critique of psychiatric drug treatment*, London 2008.

Andrea Rosenbusch: «Wahrung des Besitzstandes und Entwicklung neuer Konzepte in der Firma Geigy», in: *Traverse: Zeitschrift für Geschichte*, Heft 1, 1997.

Edgar Salin: «Aera der Manager?», in: *Messeheft/Schweizer Mustermesse*, 1951.

Philipp Sarasin: *Stadt der Bürger: Struktureller Wandel und bürgerliche Lebenswelt Basel 1870–1900*, Basel 1990.

Hans-Peter Schär: *Von Salz und Seide zur Biotechnologie: Schweizerhalle und die Basler Chemie*, Basel 2003.

Edgar H. Schein: *Organizational Culture and Leadership*, San Francisco 1985 (1. Ed.), 2010 (4. Ed).

Ders.: *The corporate culture survival guide*, San Francisco 1999.

Ders.: *My learning journeys – book 3*, Januar 2015 (Manuskript, nicht publiziert).

Edward Shorter: *Before Prozac, the troubled history of mood disorders in psychiatry*, Oxford, New York 2009.

Christian Simon: *DDT, Kulturgeschichte einer chemischen Verbindung*, Basel 1999.

Hermann Simon: *Think!, Strategische Unternehmensführung statt Kurzfrist-Denke*, Frankfurt am Main 2004.

Pat Smythe: *Jumping round the world*, London 1962.

Dies.: *Flanagan*, Pfäffikon 1964.

Charles Stirnimann: *Der Weg in die Nachkriegszeit, 1943–1948: ein Beitrag zur politischen Geschichte des «Roten Basel»*, Basel 1992.

Henry Strage: *Milestones in management, an essential reader*, London 1992.

Rudolf Strahm: *Überentwicklung – Unterentwicklung: Stichwörter zur Entwicklungspolitik*, Stein 1975.

Lukas Straumann: *Nützliche Schädlinge. Angewandte Entomologie, chemische Industrie und Landwirtschaftspolitik in der Schweiz 1874–1952*, Zürich 2005.

Lukas Straumann, Daniel Wildmann: «Carl Koechlin, die J. R. Geigy AG und die NSDAP», in: Heiko Haumann et al. (Hg.), *Orte der Erinnerung, Menschen und Schauplätze in der Grenzregion Basel 1933–1945*, Basel 2008.

Reinhardt Stumm (Hg.): *Markus Kutter – Nachlese, Fundstücke aus dem Textarchiv*, Basel 2009.

Jakob Tanner: *Geschichte der Schweiz im 20. Jahrhundert*, Berlin 2015.

Magaly Tornay: *Zugriffe auf das Ich. Psychoaktive Stoffe und Personenkonzepte in der Schweiz, 1945 bis 1980*, Tübingen 2016.

Hugo Uyterhoeven: «Ciba-Geigy AG: Impact of inflation and currency fluctuations», in: *Harvard Business School Case 389–176*, April 1989.

Raymond Vernon: *Storm over the multinationals: The real issues*, Cambridge 1977.

Max Weber: *Die protestantische Ethik und der Geist des Kapitalismus, vollständige Ausgabe*, München 2010.

Abraham Zaleznik: «Managers and Leaders: Are They Different?», in: *Harvard Business Review*, Mai–Juni 1977.

Christian Zeller: *Globalisierungsstrategien. Der Weg von Novartis*. Berlin 2001.

Anhang

WEBSEITEN

Historisches Lexikon der Schweiz:
www.hls-dhs-dss.ch

Wikipedia:
www.wikipedia.org

Wortlager Markus Kutter:
www.markuskutter.ch

Ulrich Stroux, Familienforschung:
www.stroux.org

Universität Lausanne, Base de données des élites suisses au XXe siècle:
www2.unil.ch/elitessuisses

BILDNACHWEIS

Firmenarchiv der Novartis AG: Cover sowie Abb. 1, 10, 11, 12, 15, 16, 18, 20, 21, 22

Private Sammlung Dominik Koechlin: Abb. 23

Private Sammlung Monica Koechlin: Seite 9 sowie Abb. 2, 7, 8, 14

Private Sammlung Lucy Koechlin: Abb. 3, 4

Private Sammlung Sibylle Ganz-Koechlin: Abb. 5, 6

Publikationen (siehe Verzeichnis): Abb. 13, 17, 19

Bettina Hahnloser

Der Uhrenpatron und das Ende einer Ära
Rudolf Schild-Comtesse, Eterna und Eta
und die schweizerische Uhrenindustrie

«Das Buch ist spannend geschrieben, reich illustriert und wird abgerundet durch Chronologie, Stammbäume, Organigramm, Kurzbiografien wichtiger Persönlichkeiten, Glossar und Personenverzeichnis. Dies alles ermöglicht es, sich im ‹Dschungel› der Familienverhältnisse und Konstrukte der Uhrenindustrie zurechtzufinden und ist so auch für nicht ausgesprochene Kenner der Szene lesenswert.»
André Weyermann, Solothurner Zeitung

344 Seiten, gebunden mit Schutzumschlag
ISBN 978-3-03810-026-3

NZZ Libro – Neue Zürcher Zeitung AG
www.nzz-libro.ch

Walter Dettwiler

Von Basel in die Welt
Die Entwicklung von Geigy, Ciba und Sandoz zu Novartis

Das Buch erzählt erstmals die Geschichte der Novartis und ihrer Vorgängerfirmen Geigy, Ciba und Sandoz. Der Bogen spannt sich von der Gründung der ersten Basler Farbenfabriken über die frühe Expansion im Ausland oder das Aufkommen der ersten Pharmazeutika bis hin zu den grossen Fusionen, aus denen die heutige Novartis entstand. Das umfangreiche Bildmaterial aus den Firmenarchiven ergänzt die Erläuterungen zur Geschichte eines der bedeutendsten Unternehmen der Schweiz. Und es bietet viel Raum für neugierige und nostalgische Blicke in eine glanzvolle Zeit.

206 Seiten, Leinen
ISBN 978-3-03823-808-9

NZZ Libro – Neue Zürcher Zeitung AG
www.nzz-libro.ch